Auf den Spuren Theodor Fontanes durch Berlin und Brandenburg

Auf den Spuren Theodor Fontanes
durch Berlin und Brandenburg

Lars Franke

Fontane
für die Hosentasche

steffen verlag

Inhaltsverzeichnis

❧ »*Ich bin schon allhier ...!*«

Richtig, das ist nicht Fontane. Die Worte stammen aus dem Märchenschatz der Brüder Grimm. Doch wer zwischen dem nordbrandenburgischen Stechlin und dem Lausitzer Spreewald unterwegs ist – egal, ob als Tourist, Kunstliebhaber oder als Spurensucher märkischer Geschichte, als Journalist oder Buchautor –, muss sich bewusst sein: Fontane war schon vorher da. Der Apotheker-Sohn aus Neuruppin hat kaum einen geschichtsträchtigen Ort ausgelassen.

Allein die *Wanderungen durch die Mark Brandenburg* füllen acht Bände. Hinzu kommen Romane mit unverkennbarem Lokalkolorit wie *Effi Briest* oder *Der Stechlin*, die einen festen Platz in der Weltliteratur gefunden haben. Und nicht zu vergessen Balladen wie die über den *Herr*[n] *von Ribbeck auf Ribbeck im Havelland*, die ganze Schülergenerationen herbeten mussten. Auch *Unterm Birnbaum*, möglicherweise einer der ersten deutschsprachigen Kriminalromane, stammt aus der Feder von Theodor Fontane. Bis heute können seine Sprache und seine Themen begeistern. Fontane macht Geschichte erlebbar. Er führt den Leser in Schlösser, Klöster, Herrenhäuser, stellt landschaftliche »Edelsteine« vor. Fontane steht für die preußische Literatur ebenso wie für den deutschen Realismus.

Am 30. Dezember 2019 feiern Literatur und Fremdenverkehr den 200. Geburtstag des umtriebigen Reisejournalisten und brillanten Romanautors. Doch nicht nur in diesem Jubiläumsjahr werden sich unzählige Fontane-Kenner zu jenen Orten aufmachen, an denen der geniale Erzähler die Stoffe für seine Geschichten gefunden hat. Der vorliegende literarische »Reiseführer für die Hosentasche« soll allen langjährigen und künftigen Fontane-Freunden den Weg dorthin erleichtern.

Berlin im Juli 2018
Lars Franke (1953–2018)

Altenhof am Werbellinsee

Ein Märchenplatz in der Schorfheide

»Eine halbe Meile nördlich von Lichterfelde, schon auf uckermärkischem Grund und Boden, begegnen wir dem sagenreichen Werbelliner See ... Schön wie der Name, so schön ist auch der See, ein Zauber ist um ihn her, und was der ›Blumenthal‹ unter den Forsten ist, das ist der Werbellin unter den Seen dieses Landesteils.«

Mitte September 1862 kam Theodor Fontane für mehrere Tage an den fast elf Kilometer langen See. Die Schorfheide, also der Forst Werbellin, galt seit Menschengedenken als bevorzugtes Jagdrevier der märkischen Fürsten. Ihre Jagdschlösser fand man vielerorts nördlich von Berlin. In der Nähe von Altenhof hat es offenbar gleich drei davon gegeben. Ein großes Schloss soll mitten im See gestanden haben, wegen der finsteren Machenschaften eines bösen Zauberers versank es in den Fluten. Eine weitere Burg gab es im Ort selbst – den Alten Hof. Entsprechende Fundamente liefern den Beweis dafür. Auch von der Burg Grimnitz, die man zu den sagenumwobenen Werbellin-Burgen zählen kann, haben nur mittelalterliche Kellergewölbe die Zeitläufe überdauert.

Eine andere Burg stand am Südufer des Werbellinsees. Dort, wo der Werbellinkanal in den Werbellinsee mündet, erhebt sich ein mittelalterlicher Burgturm. Doch das Bauwerk ist jüngeren Datums. Der sogenannte »Askanierturm« entstand im ausgehenden 19. Jahrhundert, und zwar auf Initiative des Joachimsthaler Heimatschriftstellers Friedrich Brunold und mit Unterstützung des Fürstenhauses Hohenzollern.

Und noch etwas schien Fontane ganz besonders beeindruckt zu haben – der »Feldzug« gegen die Kormorane. Auch heute kann man die »See-Raben« hier sehen. Sie sitzen auf Holzpfählen und trocknen ihr schwarzes Gefieder. Oder sie machen Jagd auf Jungaale und Muränen. Die Muränen gehören zu den kulinarischen Schätzen des Werbellinsees. Schon im ausgehenden Mittelalter rühmte man den lachsähnlichen Fisch als besondere Delikatesse. Auch am Hof in Berlin wurde er geschätzt. Doch dann kamen die Kormorane. Sie vermehrten sich so schnell, dass der Fischbestand in ernsthafte Gefahr geriet. Es wurde ein »Vernichtungskrieg« beschlossen.

»... alle Förster aus den benachbarten Revieren wurden mit herangezogen, das Gardejäger-Bataillon in Potsdam schickte seine besten Schützen, – so rückte man ins Feld. Zuletzt waren Pulver und Blei stärker als die Kormorane, und sie blieben entweder auf dem Platze oder setzten ihren Zug in friedlichere Gegenden fort. [...] Die Kormorane sind nicht wiedergekommen (das ließe sich ertragen), aber – die Muränen auch nicht.«

Gott sei Dank irrte sich Fontane. Die Muräne ist wieder da. Die Werbellinsee-Fischer kümmern sich um den anderswo verschwundenen Fisch. In der »Seewolf«-Gaststätte landet er der Jahreszeit entsprechend auf dem Tisch. Im Winter allerdings legen sich die brandenburgischen Fischer ein Fangverbot auf.

Nur wenige hundert Meter vom Ufer entfernt, im Wald gelegen, haben sich die Hohenzollern architektonisch verewigt. Zwischen 1847 und 1849 ließ sich König Friedrich Wilhelm IV. eine »Jagdhütte« errichten – Schloss Hubertusstock. Von hier aus brachen die preußischen Könige, seit 1870/71 auch deutsche Kaiser, zur Pirsch auf. Ein Weg mit Gedenksteinen erinnert an die umstrittenen Jagderfolge der hochadligen Waidmänner. In den Blick der Weltpolitik geriet Hubertusstock 1981, als in der Schorfheide der Bundeskanzler der BRD, Helmut Schmidt, und der Staatsratsvorsitzende der DDR, Erich Honecker, zusammenkamen.

Der Werbellinsee ist ein ausgezeichnetes Badegewässer. Auch eine Radtour wird wohl lange in Erinnerung bleiben. Doch es gibt auch eine dunkle Seite. Der See gilt unter den europäischen Binnengewässern als einer der größten Schiffsfriedhöfe. Und tatsächlich finden Taucher in dem bis zu 60 Meter tiefen Werbellin immer wieder Wracks von Lastkähnen. Eine uralte Legende behauptet, der See fordere jedes Jahr ein Opfer. Ein Menschenopfer selbstverständlich.

Fontane suchte nicht nur nach geschichtsträchtigen Orten, sondern auch nach Plätzen, an denen man »die Seele baumeln lassen« kann. Eine Bank zum Vor-sich-hin-Träumen fand er bei Altenhof. Dort hat er sich eine Begegnung mit Markgraf Otto vorgestellt. Genauer gesagt mit Otto IV., genannt Otto mit dem Pfeil. Ein Askanierfürst, der selbst Minnelieder verfasste und Ritter aus allen Teilen des Reiches zu prunkvollen Turnieren einlud: »Kleine Wellen schäumen ans Ufer, vor uns die breite Wasserfläche liegt noch im Licht, während nach Norden zu sich blaue Schatten über Wald und See breiten. [...] Und wenn jetzt ein goldenes Schiff den See herunter käme und auf dem Deck des Schiffes, unter flatterndem Zeltdach, säße Markgraf Otto mit Heilwig von Holstein, scherzend, lachend über dem Schachspiel, wir ließen es vorübergleiten, vielleicht weniger verwundert über das goldene Schiff mit Segel und Zeltdach wie über das ärmliche Schifferboot, das eben mit Netz und Reuse des Weges kommt. Es ist ein Märchenplatz, auf dem wir sitzen, denn wir sitzen am Ufer des ›Werbellin‹.«

Grete Minde – ein Sittenbild

»Endlich hatte sie das Ende des Kirchhofes erreicht, und sie sah zwischen den Bogen hindurch, die das Viereck auch nach dieser Seite hin abschlossen, auf den in der Tiefe liegenden Klostersee, den nach links hin, ein paar hundert Schritt weiter abwärts, einige Häuser umstanden. Eines davon, das vorderste, steckte ganz in Efeu und war bis in Mittelhöhe des Daches von fleischblättrigem und rotblühendem Hauslaub überdeckt.« Sie tritt ein. »Es war ein hohes, gotisches, auf einem einzigen Mittelpfeiler ruhendes Zimmer, drin es schwerhielt, sich auf den ersten Blick zurechtzufinden, denn nur wenig Sonne fiel ein, und alles Licht, das herrschte, schien von dem Feuer herzukommen, das in dem tiefen und völlig schmucklosen Kamine brannte.«

Sie – das war Grete Minde. Eine junge Frau um die Zwanzig. Eine Bürgertochter aus Tangermünde. Der Kirchhof gehörte zum einstigen Benediktinerinnen-Kloster Arendsee. Seit der Reformation war es ein evangelisches Stift für unverheiratete oder verwitwete Adelsfrauen. Als Theodor Fontane 1859 die einstige Klosteranlage besuchte, dienten einige Gebäude als Steinbruch.

Die Klosterkirche gilt als Juwel spätromanischer Architektur. Teile des Kreuzganges und das einstigen Hospital – heute Museum – haben die Zeiten überdauert. Fontane lernte hier eines der ältesten märkischen Klöster kennen. 1183, als der Askanierfürst Otto I. die Abtei an der Grenze zu Mecklenburg stiftete, war Brandenburg eben erst in die Geschichte eingetreten.

Im altmärkischen Arendsee und in seiner Umgebung suchte Fontane Stoffe für Reportagen und Erzählungen. Ein Gedenkstein auf dem Klosterfriedhof erinnert an die Visite des reisenden Autors. Gut möglich, dass er hier von der Tragödie der Grete Minde hörte.

Die spektakulären Ereignisse lagen lange zurück. Nach Fontanes Novelle soll die junge Frau 1617 im Stift vorgesprochen haben, um ein Grab für ihren gerade verstorbenen Lebensgefährten zu finden. Der protestantische Ortsgeistliche von Arendsee hatte dem Toten ein christliches Begräbnis verweigert. Wegen fehlender Papiere. Oder, was wohl noch schlimmer war, die beiden waren zuvor aus Tangermünde geflohen und hatten sich einer umherziehenden Schauspieler-Truppe angeschlossen. Soweit der literarische Rahmen. Grete muss eine leidenschaftliche Frau gewesen sein. Als man ihr und ihrem Kinde in Tangermünde die Rückkehr ins bürgerliche Leben verweigerte, soll sie zur Selbstjustiz gegriffen haben. Aus Rache, heißt es, habe sie in der Stadt Feuer gelegt, gemeinsam mit ihrem Mann – der ja nach Fontanes Deutung in Arendsee gestorben war – und dessen Freund.

Fontane ließ 1878 nach einer Visite in Tangermünde den Verleger Paul Lindau wissen: »Ich habe vor, im Laufe des Sommers eine altmärkische Novelle zu schreiben. Ort Salzwedel; Zeit 1660; Heldin: Grete Minde...« Er selbst nennt sein Vorhaben ein Sitten- und Charakterbild aus der Zeit nach dem Dreißigjährigen Krieg. Dann bleibt er doch beim Originalort Tangermünde. Seine 1880 erschienene Novelle beschreibt die interessantesten Plätze der mehr als 1000 Jahre alten Stadt, der Zweitresidenz Kaiser Karl IV. Auch heute, und das trotz des verheerenden Stadtbrandes, strahlt das Städtchen ein Stück Mittelalter aus – Stadtmauer,

Rathaus, Fachwerkhäuser. Fontane führt seine Leser zur Burg: »... und sie schritten ... auf einen aufgemauerten und halbausgetrockneten Graben zu, der den großen, äußeren Burghof von dem kleinen, inneren trennte. Eine schmale Zugbrücke führte hinüber, und sie passierten sie. [...] Zu Füßen hatten sie den breiten Strom und die schmale Tanger, die spitzwinklig in den Strom einmündete, drüben aber, am andern Ufer, dehnten sich die Wiesen, und dahinter lag ein Schattenstrich, aus dessen Lichtungen hier und dort eine vom Abendrot übergoldete Kirchturmspitze hervorblickte.« Und auch das Rathaus zieht Fontane in seinen literarischen Stadtrundgang ein. Alle »schritten jetzt ... gemeinschaftlich auf das Rathaus zu. Die Freitreppe, die hinaufführte, war mit Neugierigen besetzt, auch mit solchen, die drinnen ihre Plätze hatten und nur wieder ins Freie getreten waren, um so lange wie möglich noch der frischen Luft zu genießen. Denn in dem niedrig gewölbten Saale war es stickig, und kein anderes Licht fiel ein als ein gedämpftes von Flur und Treppe her.« In diesem Rathaus verurteilte man Grete Minde zum Tode. Ein Justizmord, wie sich später herausstellte. Begründet mit einem Geständnis, das unter Folter entstand. Mit welcher Grausamkeit das Urteil vollstreckt wurde, ist heute kaum fassbar. Im Urteilsspruch heißt es: »So mag sie deswegen vor endlicher Tötung auf einem Wagen bis zu der Richtstätte umgeführet, ihre 5 Finger an der rechten Hand, einer nach dem anderen mit glühenden Zangen abgezwacket, nachmalen ihr Leib mit vier glühenden Zangen, nämlich in jeder Brust und Arm gegriffen, folgig mit eisernen Ketten auf einem erhabenen Pfahl angeschmiedet und lebendig geschmochet und also vom Leben zum Tode verrichtet werden.« Fontane erspart sich die Schilderung dieses unmenschlichen Endes der Grete Minde. Allerdings hielt auch er die Minde für eine Brandstifterin. Wenige Jahre nach der Veröffentlichung der Novelle häufen sich die Hinweise auf einen Justizirrtum. Fontane muss das geahnt haben. Im Gegensatz zur historischen Realität ereilt bei ihm die Frau ein eher »versöhnliches« Ende. Sie entführt ihren minderjährigen Neffen und schleppt ihn auf den Turm der Stephan-Kirche: »Ein Feuermeer unten die ganze Stadt; Vernichtung an allen Ecken und Enden [...] Aber ehe noch die Vordersten es [das Portal der Kirche – d. A.]

erreichen oder gar die Stufen der Wendeltreppe gewinnen konnten, stürzte die Schindeldecke prasselnd zusammen, und das Gebälk zerbrach, an dem die Glocken hingen, und alles ging niederwärts in die Tiefe.«

∿

Berlin-Charlottenburg

Belvedère – ein Schloss mit Eisenbahn-Blick

»Es regnet. Auf den Plüschbänken des Charlottenburger Omnibus sitzt ein halbes Dutzend fröstelnde Gestalten, gleichgültig oder verstimmt […] Es regnet, und am Ende mit Recht. Schreiben wir doch den 19. November! Wer mag da Sonnenschein fordern, wenn es ihn lüstet, den Charlottenburger Schlossgarten zu besuchen.«

Es verwundert, dass Fontane an einem Spätherbst-Tag aufgebrochen ist, um einem Park seine Aufwartung zu machen. Wahrscheinlich 1871. Seit 1861, also seit dem Tod von König Friedrich Wilhelm IV., hatte hier dessen Witwe Elisabeth das Sagen. Schloss Charlottenburg entstand um 1700. Fast alle regierenden Hohenzollern-Fürsten haben sich am Ausbau beteiligt. Vorausgegangen war ein ungewöhnlicher Immobilientausch. Kurfürst Friedrich der III., später König Friedrich I., überschrieb seiner Ehefrau Sophie Charlotte das Lustschlösschen Caputh westlich von Potsdam. Doch der kunstsinnigen und wissenschaftlich interessierten Dame war dieser Besitz offenbar viel zu abgelegen. Sie tauschte ihn gegen das Dorf Lietzenburg, sieben Kilometer vor den Toren von Berlin. Nach und nach entstand das imposante Schloss in seinen heutigen Ausmaßen. An jenem November-Tag ließ Fontane das eigentliche Schloss jedoch links liegen und schritt durch den Schlosspark zielgerichtet zum königlichen Teehaus Belvedère. Den Park hatte der legendäre Gartenarchitekt Lenné im 19. Jahrhundert in einen Landschaftspark umgewandelt. Trotz Regens war Fontane beeindruckt von dem reichlich 55 Hektar großen Areal: »Weithin sichtbar laufen die Gänge des Schlossgartens bis zum Flusse nieder, parallel mit ihnen ein Wasserbecken, halb Graben, halb Teich. Die Alleen sind kahl. Nur einzelne Bäume, die windgeschützter standen, halten noch das je nach der Art in allen Herbstesfarben spielende Laub fest: die Eiche gold-braun, die Birke orangefarben, der Ahorn gelb; aber die meisten Blätter fielen ab und liegen an tieferen Stellen zusammengeweht oder schwimmen auf dem Wasser, das uns bis in die Mitte des Parks beglei-tet. [...]

Nach Westen hin Wiesenland, von Spree-Armen und Eisenbahnbrücken durchzogen; am Horizont grau in grau der Spandauer Turm; unmittelbar vor mir aber ein seltsamer, jalousienreicher Bau, rund, mit vier angeklebten flachen Balkonhäusern und einem kupfernen Dachhelm, auf dessen Spitze drei Genien mit Genhimmelhaltung eines goldenen Fruchtkorbes beschäftigt waren.«

Dieser seltsame Bau trug den Namen »Belve-dère«, die »schöne Aussicht« – ein reizender Gar-tenpavillon mit Turm. Friedrich Wilhelm II. ließ das Gebäude auf einer Insel errichten. Als Architekt wurde Carl Gotthard Langhans verpflichtet. Das dreistöckige Teehaus – ein bisschen Barock und ein bisschen Klassizismus – diente ab 1789 dem König als stimmungsvolle Kulisse für Kammerkonzerte. Hier fanden aber auch Sitzungen des berüchtigten

Rosenkreuz-Ordens statt. Geisterbeschwörungen, in denen Friedrich Wilhelm bei längst Verstorbenen um Entscheidungshilfe bat. Fontane hat jahrelang über Geheimbünde in Brandenburg Material gesammelt. So auch über Charlottenburg: »Der König hatte den Wunsch ausgesprochen, die Geister Marc Aurels, des Großen Kurfürsten und des Philosophen Leibnitz erscheinen zu sehen. Und sie erschienen. [...] Dem König war gestattet worden, Fragen an die Abgeschiedenen zu richten; er machte den Versuch, aber umsonst. Es gelang ihm nicht, auch nur einen Laut über die bebenden Lippen zu bringen. Dagegen vernahm er nun seinerseits von den heraufbeschworenen Geistern strenge Worte, drohende Strafreden und die Ermahnung, auf den Pfad der Tugend zurückzukehren. Er rief mit banger Stimme nach seinen Freunden; er bat inständig, den Zauber zu lösen und ihn von seiner Todesangst zu befreien. [...] Von jenem Abend an stand das Belvedère 50 Jahre lang leer. Es war, als wäre es an dieser Stelle nur aus der Erde gewachsen, um als Rokoko-Schaubühne für eine Geisterkomödie, hinterher aber um als Wahrzeichen dafür zu dienen, dass das alles einstens wirklich war.«

Am Ende seines Rundganges brach Fontane eine Lanze für einen besonders kunst- und geschichtsbeflissenen, leider aber oft verkannten und belächelten Hohenzollern-Herrscher.

»Erst Friedrich Wilhelm IV., innerlich freier, machte einen Versuch, den Bann der 90er Jahre zu durchbrechen. [...] Von seinem Balkone aus sah der heitere König ... in Dämmerstunden, beim Teegeplauder, das Spreetal hinunter, freute sich der Segelkähne, die kamen und gingen, der langen Züge, die rasselnd, dampfend, vorübersausten, der dunklen Flächen des Grunewaldes hier, der Jungfernheide dort, endlich des roten Spandauer Turms, der die Zickzack-Festungswerke drüben am westlichen Horizont hoch überragte.«

Fontanes Reportage über den Parkbummel und den königlichen Teepavillon erschien im Juni 1872.

Heute befindet sich im Belvedère die Porzellan-Sammlung des Landes Berlin. Zu sehen sind Geschirr, Wandteller und Figuren vor allem aus der Zeit Friedrichs des Großen. Von November bis Ende März ist das Haus geschlossen.

Berlin-Friedrichsfelde

Mitleid mit dem Sachsenkönig

»Die Fahrt nach Friedrichsfelde, wenn man zu
den ›Westendern‹ zählt, erfordert freilich einen
Entschluss. Es ist eine Reise und durch die ganze
Steinmasse des alten und neuen Berlins hin sich
mutig durchzuschlagen, um dann schließlich in
einem fuchsroten Omnibus ... die Fahrt zu Ende
zu führen, ist nicht jedermanns Sache. Wer es aber
an einem grauen Tage wagen will, wo die Sonne
nicht sticht und der Staub nicht wirbelt, der wird
seine Mühe reichlich belohnt finden.«

Dieser fuchsrote Omnibus war ein Pferdebus,
und die Tour war eine halbe Weltreise. Nach jwd,
nach »janz weit draußen«, wie der alteingesessene
Berliner in seinem Drang nach Übertreibung behauptet. Heutzutage ist das Schlösschen Friedrichsfelde dank der U-Bahn vom Alexanderplatz aus
innerhalb einer halben Stunde zu erreichen.

Fontane war im August 1862 in Friedrichsfelde.
Fast ein Jahrzehnt sollte es dauern, bis eine druck-
reife Fassung über seinen Ausflug vorlag, nach

einer zweiten Visite im Mai 1870 in Begleitung des Schlossbesitzers Karl von Treskow. Der hatte auf dem Gelände des heutigen Tierparks einen modernen Landwirtschaftsbetrieb eingerichtet. Fontane erlebte, »dass Milchwirtschaft und Gartenkulturen mehr und mehr die frühere Felderbestellung zurückdrängten. Der Sieg des Spargelbeets über das Roggen- und Kartoffelfeld! [...] Aber diese Umwandelung hat sich vollzogen, ohne dem Friedrichsfelder Schloss, das so vieles Sterben und Geborenwerden sah, das Geringste von seinem historischen Zauber zu nehmen. Dieselbe Sorglichkeit und Pflege, die draußen waltete, zeigte sich auch drinnen; auf den Feldern erneuerte sie praktisch, im Hause konservierte sie pietätvoll; nichts ist verloren gegangen von dem geschichtlichen Material, in dessen Besitz der gegenwärtige Besitzer eintrat.«

Das einstige Hohenzollern-Schloss war Wohnhaus der Treskow-Familie. Ihre Begräbnisstätte findet man innerhalb der Tierparkmauern. Das heutige Aussehen erhielt das Schloss um 1800. Als Bauherrin der frühklassizistischen Anlage ist eine längst vergessene Herzogin von Holstein-Beck in die Chroniken eingegangen. Die Fürstin galt als steinreich. Fontane will erfahren haben, dass sie täglich 1500 Taler ausgeben konnte. Es soll damals recht unkonventionell auf dem Schloss zugegangen sein: »Das Leben in Friedrichsfelde war um diese Zeit das heiterste. Eine ernstere Pflege der Kunst fiel niemandem ein ... Es gab Schau- und Schäferspiele teils in geschlossenen Räumen, teils im Freien. [...] Die Dorfbevölkerung nahm teils zuschauend, teils aktiv an diesen Szenen teil, was auf den ersten Blick viel Anheimelndes und Bestechendes hatte. Aber sehr bald stellte sich's heraus, dass Sitte und Arbeitslust zurückgingen und dass dem Dorfe kein Segen daraus aufwuchs, als Landschafts-Staffage oder Vehikel für das Vergnügen vornehmer Leute gedient zu haben«, urteilt Fontane überaus streng.

1814/15 war Friedrichsfelde in der preußischen Residenzstadt in aller Munde. Das Schlösschen wurde zu einer illustren »Haftanstalt«. Sachsenkönig Friedrich August, Verbündeter des geschlagenen Kaisers Napoleon, musste hier seinen Hausarrest absitzen.

»Der König lebte ganz als König. Sehr viel Dienerschaft, altfränkisch gekleidet, blau und gelb, war um ihn her; die Kutscher immer in Kanonenstiefeln. Vormittags zwischen 11 und 12 pflegte er im Park zu promenieren; nachmittags wurde ausgefahren auf die benachbarten Dörfer, namentlich auf solche, wo ein Park oder ein Fluss war, also nach Stralau, Lichtenberg, Biesdorf und vorzugsweise nach Schönhausen. Er war bei den Friedrichsfeldern sehr populär, weil er herablassend und wohlwollend war und (die Hauptsache) ihnen viel zu verdienen gab. Der zahlreiche Besuch, der untergebracht werden musste, schaffte den Bauern eine gute Einnahme; dazu die Berliner, die sonntags, aus purer Neugier, in Scharen herbeiströmten. «

Da verstand es sich von selbst, dass die Dörfler Mitleid mit dem prominenten »Häftling« empfanden. Allerdings auch, dass sie erbost waren, als der König zurückkehrte nach Dresden und so eine attraktive Einnahmequelle versiegte.

Theodor Fontane hat sich die Friedrichsfelde-Pilger genau angeschaut. Offenbar unterschieden sich die Spree-Athener der 1870er Jahre gar nicht so sehr von den heutigen Berlinern. Nach wie vor lassen sich bei der Fahrt zum Tierpark vergnügliche Studien treiben. Fontane: »Friedrichsfelde darf als das Charlottenburg des Ostends gelten und allsonntäglich wandern Hunderte von Residenzlern hinaus, um sich ›Unter den Eichen‹ daselbst zu divertieren. Es sind meist Vorstadt-Berliner, jener Schicht entsprossen, wo die Steifheit aufhört und der Zynismus noch nicht anfängt, ein leichtlebiges Völkchen, das alles gelten lässt, nur nicht die Spielverderberei, ein wenig eitel, ein wenig kokett, aber immer munter und harmlos.«

∾

Berlin-Köpenick

Lustschloss und Gefängnis, Schule und Museum

»Die Fenster blitzten wieder, wenn die Morgensonne darauf fiel ... und auf dem Platz, der zwischen Schloss und Schlosskapelle liegt, entstand ein Garten; – Blumen blühten wieder in Schloss Köpenick. Heitere Jugend hielt ihren Einzug ..., aber sie kam nicht, um für Eitelkeit und Übermut zu büßen ..., sie kam, um in Demut und Bescheidenheit zu lernen. [...] Allabendlich, wenn um die Dämmerstunde die Orgel zu Gesang und Andacht ruft und Lehrer und Schüler sich im alten Wappen-saal des Schlosses versammeln, ist es, als würde der alte Spuk aufgejagt, der einstens hier zu Hause war, und huschte wieder ängstlich hin und her; aber die leisen Klageworte des Kurprinzen, der hier Schutz und Zuflucht suchte, das Kriegsgerichtsurteil, das hier gesprochen wurde, die Seufzer derer, die hier nach Licht und Freiheit bangten, alles verklingt zu-letzt wie eine leise Dissonanz in dem vollen Brausen des Orgelchors ...«

Es muss das Jahr 1860 gewesen sein, als Theo-dor Fontane das Köpenicker Schloss aufsuchte. Der 21. September und der 30. Oktober sind im Termin-kalender festgehalten. Wer heute das Schloss am Zusammenfluss von Dahme und Spree besichtigt, wird den Hinweis auf Buße wegen Eitelkeit und Übermut nur schwer verstehen, aber das Schloss war im 19. Jahrhundert ein Gefängnis. Nach den Karlsbader Beschlüssen machten auch Preußens Polizei und Justiz Jagd auf Linke und Liberale – auf sogenannte Demagogen. Vor allem aufmüp-fige Studenten wurden im Schloss weggesperrt. »Hunderte saßen hinter den Gitterfenstern, die doch keine Fenster mehr waren, und nichts unterbrach die finstre Stille des Orts; wie das Licht, so schien auch der Klang von seinen Mauern ausgeschlossen.« Eine trübe Zeit nannte Fontane diese dunkle Seite des Schlosses. Seit 1851 diente das einstige Hohenzollern-Anwesen einem neuen Zweck. Jetzt wurden hier Lehrer ausgebildet.

Auch Fontanes Hinweis auf den Schutz suchenden Kurprinzen erschließt sich nicht sofort. Es handelt sich offenbar um den Sohn des Großen Kurfürsten. Dieser spätere König Friedrich I. fühlte sich ständig von seiner Stiefmutter verfolgt und unterstellte ihr Mordpläne, vielleicht sogar mit Recht.

Köpenick ist eng mit dem Schicksal des Hans Hermann von Katte verbunden. Der Freund des künftigen Königs Friedrich II. wurde hier zum Tode verurteilt und vor den Augen des jungen Fritz auf der Festung Küstrin hingerichtet.

In der einstigen Burg Köpenick residierte der letzte Wendenkönig, der dem legendären Brandenburg-Gründer Albrecht dem Bären das Feld räumen und ins Exil gehen musste. »Das gegenwärtige Schloss Köpenick hat drei Stockwerke ... die Fassaden ziemlich einfach und schmucklos und nur das Frontispiz mit Reliefs und Statuen geschmückt.

Dabei der Dachfirst zu einem Balustradengange, zu einer Art Kolonnade abgeflacht. Das Äußere des Schlosses, stattlich wie es ist, deutet doch in nichts auf die Pracht ..., die man bei [der] Herrichtung seiner inneren Räume hat walten lassen. Nirgends ein Geizen mit dem Raum, die Treppen breit, die Flure und Korridore hell und licht, die Zimmer hoch, luftig, geräumig; – es ist, als habe der Baumeister nichts so ängstlich vermeiden wollen, als die Enge und Gedrücktheit der Turm- und Erkerstuben, die sonst hier heimisch waren. Nirgends ein Geizen mit dem Raum, aber auch nirgends ein Geizen mit dem, was unterhält, erheitert und schmückt. Wohin wir blicken, eine Fülle von Ornamenten, die vielleicht den Eindruck der Überladung machen würden, wenn nicht die Macht des Raumes siegreich über allem schwebte und ein sich Vordrängen des Einzelnen unmöglich machte. [...] Dies gilt namentlich von dem im ersten Stockwerk gelegenen ›Königssaal‹ ...« Den Bauauftrag bekam der Holländer Rutger von Langerfeld. So entstand zwischen 1677 und 1784 eines der ältesten und attraktivsten Barockschlösser in der Mark.

Gebäude und Lage machen Köpenick zu einem

geeigneten Ort für das Kunstgewerbemuseum der Stiftung Preußischer Kulturbesitz. Gezeigt wird Raumkunst von Renaissance über Barock bis Rokoko. Im wiedervereinigten Deutschland muss sich die Köpenicker Insel allerdings damit abfinden, nur als zweiter Standort neben der Ausstellung im Kulturforum am Potsdamer Platz zu fungieren. Aber wenn wir schon einmal bei Unikaten sind: Die Schlosskapelle gilt als ältestes barockes Gotteshaus in Berlin-Brandenburg. »Eine hohe, reich verzierte Decke wölbt sich über uns und macht den Eindruck des Freundlichen, ohne den des Feierlichen vermissen zu lassen, links vom Altar aber, in einen Fensterpfeiler eingefügt, gewahren wir eine prächtige Tafel von poliertem schwarzen Marmor ...« Darauf wird an Prinzessin Henriette Marie von Preußen-Brandenburg erinnert, eine Enkelin des Großen Kurfürsten.

Folgen wir in Köpenick Fontanes Beispiel und suchen nach in Vergessenheit geratenen Plätzen und Personen. Da ist zunächst der Schlossgarten, ein General von Schmettau ließ ihn anlegen. Der Offizier und Kartograf gilt als Vater der märkischen Landkarten. Sein Streit mit dem Hause Hohenzollern um Anerkennung und Entlohnung ist in die Geschichte eingegangen. Nur drei Jahre war er Herr auf Schloss Köpenick. Während dieser Zeit ließ er den Barockgarten auf der Insel in einen Landschaftspark nach englischem Vorbild umwandeln.

Fontane hat vor 150 Jahren den Pferde-Omnibus genutzt. Wer heute mit der Straßenbahn zum Schlossplatz fährt, erlebt einen ähnlichen Empfang wie einstmals der Dichter: »Jetzt aber trifft uns ein Luftzug mit jener feuchten Kühle, die dem Reisenden ein Wasser ankündigt, und im nächsten Augenblicke haben wir ein breites Strombett vor uns, an dessen jenseitigem Ufer ... ein graugelber Schlossbau ragt. [...] Wir steigen aus ... und schreiten über den Schlossgraben dem Schlosshofe zu, den von zwei Seiten her die Bäume des Parks überragen.«

Berlin-Spandau

Die Taufe in der Havel

»Wir sind mit voller Gunst des Windes eine Stunde gefahren und die letzten Werder- und Inselgruppen liegen hinter uns. [...] Wir erkennen deutlich eine Säule, die in der Mitte ihres Schaftes einen Schild und auf der Höhe des Ganzen ein Kreuz trägt. Unser Boot legt an und wir erklimmen den Damm, der nach vorn hin ziemlich abschüssig in den Fluss fällt. Dieser Vorsprung, die hohe Sandklippe, auf der wir uns nunmehr befinden, ist das Ziel unserer Reise, ›das Schildhorn‹.«

An dieser Stelle soll sich ein wichtiges Kapitel märkischer Geschichte zugetragen tragen. Gewiss ist das nicht, denn die Ereignisse um den Übertritt zum christlichen Glauben basieren lediglich auf einer Sage. Ein Slawenfürst namens Jaczko von Köpenick hatte sich danach Mitte des 12. Jahrhunderts über Jahre hinweg geweigert, seine Ansprüche auf das Havelland aufzugeben. Am Ende gelang es den Mannen des Markgrafen Albrecht, genannt der Bär, den Slawen aus dem heutigen Brandenburg zur vertreiben. Nach einer militärischen Niederlage nahe Spandau blieb Jaczko lediglich die Flucht. Schon waren die Verfolger ganz nahe herangekommen, die Gefangennahme stand unmittelbar bevor, machte doch die Havel der Flucht ein Ende, da trieb der hochadlige Rebell sein Ross in den Fluss und erreichte das gegenüberliegende Ufer. Nicht ohne vorher den Schwur geleistet zu haben, bei einer erfolgreichen Flucht den christlichen Glauben anzunehmen. Und er hielt Wort. Der Fürst hängte seinen Schild an einen Baum und sorgte so für den ungewöhnlichen Namen »Schildhorn«. In der Folgezeit bekannten sich immer mehr Slawen im Land um Spree und Havel zu dem Christengott und dessen gekreuzigtem Sohn.

Fontane hat wahrscheinlich am 28. April 1860 mit einem Segelschiff Kurs auf Schildhorn genommen. Die meisten Ausflügler von heute nutzen für einen solchen Ausflug PKW, Bus oder das Fahrrad. Nicht selten verbinden sie die Fahrt zur Havel mit einem Besuch des denkmalgeschützten Wirtshauses »Schildhorn«.

Die Säule für den historischen Ort hat König Friedrich Wilhelm höchstpersönlich entworfen.

Nach seinen Vorstellungen entwickelte Heinrich August Stüler mehrere Varianten. Das Denkmal selbst stammt aus der Werkstatt des Berliner Baurates Cantian. Fontanes Urteil fiel recht diplomatisch aus. »Man hat den Stamm einer alten knorrigen Eiche in Sandstein nachgebildet und dadurch eine ohnehin schwerverständliche Figur geschaffen; der inmitten des Stammes aufgehängte Schild aber, der wie eine Scheibe an einem Pfosten klebt, schafft, aus der Ferne gesehen, vollends eine durchaus unklare und rätselhafte Figur. Eben so unklar und verworren nimmt das Kreuz sich aus, das den Oberbau der Säule krönt. Etwas Apartes ist gewonnen, nichts Schönes, das der eigentümlichen Schönheit der Landschaft entspräche.« Inzwischen ist es nicht mehr das Original-Denkmal, das vom Ufer aus auf den Fluss schaut. Der Nachfolger entstand nach dem Zweiten Weltkrieg.

Spandau hat übrigens noch ein zweites Mal märkische Religionsgeschichte geschrieben. Hier trat Kurfürst Joachim II. offiziell zum Protestantismus über. Die kurfürstliche Familie samt Hofstaat feierte im November 1539 in der Kirche St. Nikolaus das Abendmahl nach dem Ritus der Lutheraner.

Allerdings ist hier das Wort »soll« angebracht, denn während des Reformationsjubiläums sind bedenkenswerte Theorien bekanntgeworden, wonach nicht unbedingt Spandau der Ausgang der Kirchenerneuerung in der Mark gewesen sein muss. Wie auch immer, die Statue von Joachim II. vor der Kirche erweckt das Interesse unzähliger Touristen. Für einen Spandau-Besuch verweist Fontane auf die technischen Segnungen seiner Zeit und lässt seine Leser eine Bahnfahrt miterleben: »..., bis die alte Havelveste vor uns aufsteigt, mit Brücken und Gräben, mit Torwarten und Mauern, und über dem allen: Sanct Nicolai, die erinnerungsreiche Kirche dieser Stadt.

Der Zug hält. Ohne Aufenthalt, mit den Minuten geizend, steuern wir durch ein Gewirr immer enger werdender Gassen auf den alten gotischen Bau zu, der sich, auf engem und kahlem Platze, über den Dächer-Kleinkram hinweg, in die stahlfarbene Luft erhebt. Kein Bau ersten Ranges [...] unser Besuch gilt vielmehr dem alten Turme, zu dessen Höhe ein Dutzend Treppenstiegen hinanführen. Viele dieser Stiegen liegen im Dunkel, andre empfangen einen Schimmer durch eingeschnittene Öffnungen, alle aber sind bedrohlich durch ihre Steile und Gradlinigkeit ...

Zu Füßen uns, in scharfer Zeichnung, als läge eine Karte vor uns ausgebreitet, die Zickzackwälle der Festung; ostwärts im grauen Dämmer die Türme von Berlin; nördlich, südlich die bucht- und seenreiche Havel, inselbetupfelt, mit Flößen und Kähnen überdeckt; nach Westen hin aber ein breites, kaum hier und da von einer Hügelwelle unterbrochenes Flachland, das Havelland. «

Inzwischen hat der Nikolai-Turm Konkurrenz bekommen. Anders als zu Fontanes Zeiten lässt sich heute auch der Julius-Turm in der Zitadelle erklimmen. Der 30 Meter hohe Festungsturm war zu Fontanes Zeiten militärisches Sperrgebiet. In dem Keller des mächtigen Bauwerkes waren Staatsgefangene eingekerkert. Nach dem Deutsch-Französischen Krieg 1870/71 wurde hinter den dicken Mauern der Reichskriegsschatz aufbewahrt. Von diesem Turm aus gehen einem Fontanes Havel-Verse durch den Kopf:

> »Es spiegeln sich in deinem Strome
> Wahrzeichen, Schlösser, Burgen, Dome,
> den Julius-Turm, den Märchen und Sagen

Bis Römerzeiten rückwärts tragen,
Das Schildhorn, wo, bezwungen im Streite,
Fürst Jaczko dem Christengott sich weihte …
Ob rote Ziegel, steinernes Grau
Du alles verklärst es, Havel, in deinem Blau.«

∾

Berlin-Tegel

Die Kinderstube der Humboldts

»Unter den vielen hübsch gelegenen Dörfern, die den Stadtrayon von Berlin nach allen Seiten hin umzirken, steht das Dörfchen Tegel, sowohl seiner reizenden Lage wie seiner historischen Erinnerungen halber, vielleicht obenan. Jeder kennt es als das Besitztum der Familie Humboldt. Das berühmte Brüderpaar, das diesem Fleckchen märkischen Sandes auf Jahrhunderte hin eine Bedeutung leihen und es zur Pilgerstätte für Tausende machen wird, ruht dort gemeinschaftlich zu Füßen einer granitenen Säule, von deren Höhe die Gestalt der ›Hoffnung‹ auf die Gräber beider hernieder blickt.«

Ende April 1860 machte sich Fontane nach Tegel auf. Er wurde begleitet von Werner Hahn, einem Journalisten-Kollegen. Seit März hatte Fontane Material zur Historie von Tegel gesammelt und sich mit den Verdiensten der Humboldt-Brüder beschäftigt. Sowohl Wilhelm, der Politiker, als auch Alexander, der Forscher und Weltreisende, weckten sein Interesse. Wohin heute die U-Bahn Humboldt-Verehrer aus aller Herren Länder in einer reichlichen Viertelstunde bringt, musste man damals eine »halbe Weltreise« in Kauf nehmen. Wie ernst Fontanes folgender Hinweis zu nehmen ist, sei allerdings dahingestellt: »Wer seinen Füßen einigermaßen vertrauen kann, tut gut, die ganze Tour zu Fuß zu machen. Die erste Hälfte des Weges führt durch die volkreichste und vielleicht interessanteste der Berliner Vorstädte, durch die sogenannte Oranienburger Vorstadt, die sich, weite Strecken Landes bedeckend, aus Bahnhöfen und Kasernen, aus Kirchhöfen und Eisengießereien zusammensetzt.«

Man muss schon hart im Nehmen sein, um nicht zur Weiterfahrt am Naturkundemuseum in die U-Bahn zu steigen. Hut ab vor allen, die nach dem

Besuch der Prominenten-Gräber auf dem Doro-
theenstädtischen Friedhof die Lauferei fortsetzen –
so wie Hahn und Fontane: »Wir haben inzwischen
die Ahorn- und Ulmenallee durchschritten und stehen nunmehr rechts einbiegend unmittelbar vor
dem alten Schloss. Die räumlichen Verhältnisse
sind so unbedeutend und die hellgelben Wände,
zumal an der Frontseite, von solcher Schmucklosig-
keit, dass man dem Volksmunde Recht geben muss,
der sich weigert von ›Schloss Tegel‹ zu sprechen
und diesen Diminutivbau ›das Schlösschen‹ zu
nennen pflegt. Man erkennt deutlich noch die be-
scheidenen Umrisse des alten Jagdschlosses, dessen
einzig charakteristischer Zug, neben einem größe-
ren Seitenturm, in zwei erkerartig vorspringenden
Türmchen oder Ausbuchtungen bestand. Diese
Erkertürmchen sind dem Neubau, der 1822 unter
Schinkels Leitung begonnen wurde, verblieben,
während der große Seitenturm das hübsche Motiv
zur Restaurierung des Ganzen abgegeben hat. An
den vier Ecken des alten Hauses erheben sich jetzt
vier Türme von mäßiger Höhe, die derart eingefügt und unter einander verbunden sind, dass sie
im Innern nach allen Seiten hin die Zimmerreihen

erweitern, während sie nach außen hin dem Ganzen zu einer Stattlichkeit verhelfen, die es bis dahin nicht besaß.«

»Schloss Langeweile« hat Wilhelm von Humboldt das elterliche Anwesen genannt. Vielleicht ein Grund mehr, dass er später als gereifter Mann Schinkel mit dem Umbau beauftragte. Zwischen 1820 und 1824 entstand ein Meisterwerk klassizistischer Architektur. Egal ob Schloss oder Schlösschen, Tegel ist das einzige brandenburgische Herrenhaus, das sich seit fast einem Vierteljahrtausend im Besitz der früheren Eigentümer befindet. Die Familie von Heinz sind die Nachfahren von Wilhelm von Humboldt. In den Sommermonaten öffnen sich jeweils montags die Türen und man kann sich während einer Führung einen Teil des Gebäudes anschauen.

Im Schloss soll es sogar gespukt haben. Kein Geringerer als Dichterfürst Goethe spottete über die Geistererscheinung. Im *Faust* ließ er wissen: »Das Teufelspack, es fragt nach keiner Regel, wir sind so klug, und dennoch spukt's in Tegel.« Der Schlosspark ist öffentlich zugänglich. Er wurde lange Zeit für eine Arbeit von Peter Joseph Lenné gehalten.

Richtig ist: Der Privatlehrer der Humboldt-Jungen, Gottlob Johann Christian Kunth, hat mit dem Garten ein grünes Denkmal geschaffen. Und wenn es stimmt, was überliefert ist, dann soll er unter dem Blätterdach der mächtigen Eiche Unterricht gehalten haben. Auf 400 Jahre schätzt man den Baum. Wer sich für bizarre Bäume begeistert, sollte den Weg zum Tegeler See nicht scheuen und sich die »Dicke Marie« ansehen. Mit ihren gut 800 Jahren und einem Umfang von fast acht Metern ist sie vermutlich der älteste Baum der Bundeshauptstadt.

Fontane: »Wir verlassen nun das Haus und seine bildgeschmückten Zimmerreihen, um der vielleicht eigentümlichsten und fesselndsten Stätte dieser an Besonderem und Abweichendem so reichen Besitzung zuzuschreiten – der Begräbnisstätte. Der Geschmack der Humboldtschen Familie ... hat es verschmäht, in langen Reihen eichener Särge den Tod gleichsam überdauern und die Asche der Erde vorenthalten zu wollen. [...] Kein Mausoleum, keine Kirchenkrypta nimmt hier die irdischen Überreste auf; ein Hain von Edeltannen friedigt die Begräbnisstätte ein und in märkisch-tegelschem Sande ruhen die Mitglieder einer Familie, die, wie kaum eine zweite, diesen Sand zu Ruhm und Ansehen gebracht. [...]

Wenn ich den Eindruck bezeichnen soll, mit dem ich von dieser Begräbnisstätte schied, so war es der, einer entschiedenen Vornehmheit begegnet zu sein. Ein Lächeln spricht aus allem und das resignierte Bekenntnis: Wir wissen nicht, was kommen wird, und müssen's – erwarten.«

∾

Berlin-Wannsee

Die »Liebeslaube« auf der Havelinsel

»Pfaueninsel! Wie ein Märchen steigt ein Bild aus meinen Kindertagen vor mir auf: ein Schloss, Palmen und Kängurus; Papageien kreischen; Pfauen sitzen auf hoher Stange oder schlagen ein Rad; Volieren, Springbrunnen, überschattete Wiesen; Schlängelpfade, die überall hin führen und nirgends; ein rätselvolles Eiland, eine Oase, ein Blumenteppich inmitten der Mark.«

Fontane hat nicht nur einmal dieses »rätselvolle

Eiland« im Wannsee besucht. Die Insel war von Berlin aus gut zu erreichen. Nachweisbar ließ sich der Schriftsteller am 22. Juni und 23. Juli 1861 auf die Insel bringen. Eine breitangelegte Reportage erschien erst ein Jahrzehnt später. Jahrhundertelang, so ließ Fontane seine Leser wissen, »war diese Havelinsel ... eine bloße romantische Wildnis, die sich aus Eichen, Unterholz und allerhand Schlinggewächs zusammensetzte. An manchen Stellen urwaldartig, undurchdringlich. Um das ganze 2000 Schritt lange und über 500 Schritt breite Eiland zog sich ein Gürtel von Uferschilf, darin wildes Geflügel zu Tausenden nistete.«

Erst in den letzten Lebensjahren des Großen Kurfürsten änderte sich der Charakter der Insel. Zu dem Wilden gesellte sich das Gruselige, meinte Fontane. 1685 erhielt nämlich der Alchemist Johann Kunckel die Insel zur Nutzung, um eine Glashütte zu betreiben. Er gilt als Vater des märkischen Rubinglases.

»Die Errichtung der Glashütte erfolgte bald darauf an der nordöstlichen Seite der Insel dicht am Ufer. ... kein Fremder durfte die Insel betreten, nur der Kurfürst besuchte ihn wiederholt, um die

Anlage des Ganzen, so die den Kunstbetrieb kennenzulernen. [...] Dass es sich um Goldmachekunst und um [die] Entdeckung des Steins der Weisen gehandelt habe, ist sehr unwahrscheinlich.« Die Hütte brannte nieder. Nach einem Prozess wegen Veruntreuung verließ Kunckel Brandenburg. Das war das Ende des »Industriestandortes« Pfaueninsel! Eine ganz andere Entwicklung nahm das Eiland hundert Jahre später unter Friedrich Wilhelm II. 1793 kaufte der König die Insel. Schon als Kronprinz hatte er sich hier ein »Liebesnest« eingerichtet und seine Leidenschaft zur 13-jährigen Wilhelmine Encke ausgelebt. Die Tochter eines Hoftrompeters wurde 1796 zur Gräfin Lichtenau erhoben. Nach dem Kauf ließ Friedrich Wilhelm II. das Gelände umgestalten: »... schon vor Ablauf von drei Jahren war das Eiland zu einem gefälligen Park umgeschaffen, mit Gartenhaus und Meierei, mit Jagdschirm und Federviehhaus und einem Lustschloss an der Nordwestspitze. Die Zeichnung zu diesem Lustschloss, so wird erzählt, rührte von der Gräfin Lichtenau her, die das Motiv dazu, während ihrer Reise in Italien, einem verfallenen Schloss entnahm, das zwei, oben mit einer Brücke verbundene

Türme, unten aber, zwischen den beiden Türmen, ein großes Bogentor zeigte.

Nach dem Tod des Königs ging das Anwesen in den Besitz des Sohnes über. »Friedrich Wilhelm III., in allem gegensätzlich gegen seinen Vorgänger ..., machte doch mit Rücksicht auf die Pfaueninsel eine Ausnahme und wandte ihr von Anfang an eine Gunst zu, die, bis zur Katastrophe von 1806, alles daselbst Vorhandene liebevoll pflegte [...] Man schritt zu neuen Anlagen und war bemüht, den Aufenthalt immer behaglicher zu gestalten. Viele Anpflanzungen von Gesträuchen und Bäumen, darunter Rottannen und Laubhölzer aller Art, fanden statt. Wildfliegende Fasanen machten sich heimisch auf der Insel; neue Bauten wurden aufgeführt [...] Die Ueberführung dieser Sammlung [von Rosen – d. A.] gab Anlass zur Anlage eines Rosengartens, der alsbald ... 3000 hoch- und halbstämmige Rosen ... umschloss.

1828, nachdem viele Geschenke und Ankäufe vorausgegangen, ward auch eine reizende, alle Tierarten umfassende ›Menagerie‹ erworben. Sie wurde hier ... wie von selbst zu einem zoologischen Garten, da Lenné, feinen Sinnes und verständnisvoll, von Anfang an bemüht gewesen war, den einzelnen Käfigen und Tiergruppen immer die passendste landschaftliche Umgebung zu geben. 1830 wurde auch das Palmenhaus errichtet.« Dieses Gewächshaus galt bis zur Brandkatastrophe als Glanzstück des Berliner Biedermeier.

Immer mehr Ausflügler lockte es auf die Wannsee-Insel, vor allem zu den wilden Tieren. Zu Affen, Löwen und Bären, zu Kängurus und Wildrindern, zu Alligatoren, Rentieren und Hirschen. Fast 900 Tiere zählte man. Fontane schloss sich der Auffassung des Malers August Kopisch an, wonach unter Berlinern eine Fahrt zur Pfaueninsel als das schönste Familienfest des Jahres galt. Man träumte, in Indien zu sein, und sah mit einer Mischung aus Lust und Grauen die südliche Tierwelt. Inzwischen steht der größere Teil der Insel unter Naturschutz. Von den exotischen Tieren sind die namensgebenden Pfauen geblieben. In knapp zwei Minuten bringt einen heutzutage die Fähre auf das Festland zurück.

Fontane nahm tief ergriffen Abschied von der Insel im Havelsee: »Der Abend kommt, die Nebel steigen, die Kühle mahnt zur Rückfahrt; unser Boot schiebt sich zwischen das Rohr und wieder hinaus. Hinter uns, die verschleierte Mondsichel über den Bäumen, versinkt das Eiland. Mehr eine Feen- als eine Pfauen-Insel jetzt!«

Nachzutragen bleibt ein Kuriosum: Auf der Insel wurden in den 1960er Jahren die Außenaufnahmen für mehrere Edgar-Wallace-Filme gedreht.

∞

Binenwalde bei Rheinsberg

Wer ist die Schönste im ganzen Land?

»Die Schweize werden immer kleiner, und so gibt es nicht bloß mehr eine Märkische, sondern bereits auch eine Ruppiner Schweiz, der es übrigens, wenn man ein freundlich-aufmerksames Auge mitbringt, weder an Schönheit noch an unterscheidenden Zügen fehlt. Sie besitzt beides in ihrem Wasserreichtum. [...]

Der Fluss ist der Rhin. Er kommt von Rheinsberg (Rhinsberg) her, bildet zunächst eine ganze Reihe von Wasserbecken und gibt erst an der Südspitze des Molchow-Sees seine Hügelheimat auf, um in das ›Schwäbische Meer‹ dieser Gegenden, in den Ruppiner See, einzutreten.«

Nicht von ungefähr verfasste Fontane ein Hohelied auf die bis heute eher unbekannte Landschaft im brandenburgischen Norden. Im benachbarten Neuruppin erblickte der Apothekersohn im Dezember 1819 das Licht der Welt. Von Ausflügen in die Seen- und Hügellandschaft in Kinderjahren ist allerdings nichts bekannt. 1827 – da ist er sieben Jahre alt – zog Theodor Fontane mit seinen Eltern nach Swinemünde.

1864 machte er sich von Berlin aus zu einer Exkursion in die Ruppiner Schweiz auf. Einfühlsam fängt er den besonderen Reiz der Landschaft ein: »Diese Wasserfülle, abgesehen von der Schönheit, die sie unmittelbar der Landschaft leiht, hat auch das Kind des Sandes, die Fichte, verdrängt; – kostbare Buchen steigen zu beiden Seiten der bald schmalen, bald breiten Wasserflächen auf, und der Fuß des Touristen, statt auf Kiennadeln auszugleiten, freut sich des sanften Mooses oder raschelt behaglich im abgefallenen Laub.«

Bei seinen Streifzügen fand Fontane nicht

nur eine weitestgehend unberührte Natur vor: »Auch die ›Historie‹ ist leisen Fußes durch diese Gegenden hingeschritten und erzählt von Kronprinz Fritz (König Friedrich II. – d. A.) und seiner Liebe zum schönen Försterkinde von Binenwalde. Von Rheinsberg aus herüberkommend, gab er im Abenddämmer das wohlbekannte Zeichen nach dem mitten im See gelegenen Forsthaus hinüber, und nicht lange, so glitt ein Kahn aus dem Schilfgürtel hervor und der Stelle zu, wo der Prinz, unter den Zweigen einer überhängenden Buche, die schöne Sabine, das ›Insel- und Försterkind‹, erwartete. Die schöne Sabine aber stand aufrecht im Kahn, das Ruder mit raschem Schlage führend, bis im nächsten Moment das Ruder an Land und sie selbst dem harrenden in die Arme flog.«

Eine wunderschöne Liebesgeschichte, die der Dichter da aufgriff. Leider mit einer Schwachstelle. Nirgendwo ist die Romanze zwischen der jungen Frau aus dem Volke und dem Hohenzollern-Prinzen »aktenkundig« geworden. Dagegen ist es offenbar eine Tatsache, dass es diese Sabine, eine geborene Schott, spätere Ehefrau des Ortsgründers von Binenwalde, tatsächlich gegeben hat. Ob Dichtung oder Wahrheit, das 35-Seelen-Dorf widmete seiner einstigen Mitbürgerin eine fast lebensgroße Plastik.

Nach wie vor ist die Boltenmühle – heute Restaurant und Hotel – das wohl bekannteste Ausflugsziel der Region. Sie entstand zu Zeiten des Soldatenkönigs, in den 30er Jahren des 18. Jahrhunderts. Die frühere Wassermühle liegt am bis zu zwölf Meter tiefen Tornowsee. Dessen Sauberkeit ist legendär. Von Neuruppin aus bringt ein Elektroboot Besucher zur Mühle. Doch Vorsicht! Die Boltenmühle ist ein »Spukhaus«. Einst soll eine Müllerin ihren Ehemann ermordet haben, zur Strafe geistert sie in der unmittelbaren Nähe des Hotels durch die Wälder.

Im Sommer sind Tornowsee und Kalksee Badeparadiese: »Ausgestreckt am Hügelabhang, den Wald zu Häupten, den See zu Füßen, so träumst du hier, bis die wachsende Stille dich erschreckt. Mit angespannten Sinnen lauschest du, ob nicht doch vielleicht ein Laut zu dir herüberklinge, und endlich hörst du die Rätselmusik der Einsamkeit. Der See liegt glatt und sonnenbeschienen vor dir, aber es ruft aus ihm, die Bäume rühren sich nicht, aber es zieht durch sie hin, aus dem Walde klingt es, als würden Geigen gestrichen, und nun schweigt es, und ein fernes, fernes Läuten beginnt. Ist es Täuschung, oder ist es mehr?« Das macht den »Wanderer durch die Mark Brandenburg« nachdenklich:

»Und fragst du doch: ›Den vollsten Reiz,
Wo birgt ihn die Ruppiner Schweiz?
Ist's norderwärts in Rheinsbergs Näh'?
Ist's süderwärts im Molchowsee?
Ist's Rottstiel tief im Grunde kühl?
Ist's Kunsterspring, ist's Boltenmühl?
Ist's Boltenmühl, ist's Kunsterspring?
Birgt Pfefferteich den Zauberring?
Ist's Binenwalde?‹ – nein, o nein,
Wohin du kommst, da wird es sein,
An jeder Stelle gleichen Reiz
Erschließt dir die Ruppiner Schweiz.«

Buckow bei Strausberg

Eine ländliche Schönheit flicht ihr Haar

»Buckow hat einen guten Klang hierlandes und bei
bloßer Nennung des Namens steigen freundliche
Landschaftsbilder auf: Berg und See, Tannenab-
hänge und Laubholzschluchten, Quellen, die über
Kiesel plätschern und Birken, die, vom Winde halb
entwurzelt, ihre langen Zweige bis in den Waldbach
niedertauchen. [...]

Buckow ist schön, aber doch mit Einschränkung.
Es hängt alles davon ab, ob wir Buckow die Gegend
oder Buckow die Stadt meinen; – allen Respekt
vor jener, aber Vorsorge gegen diese. Seine Häuser
kleben wie Nester an Abhängen und Hügelkanten
und sein Straßenpflaster (um das Schlimmste vor-
wegzunehmen) ist entsetzlich.«

Als Theodor Fontane mit diesem Bekenntnis
seine Streifzüge durch die Märkische Schweiz ein-
leitete, schrieb man den Mai 1862. Und ein Jahr später stattete der Schriftsteller Buckow gleich mehrere
Kurzbesuche ab. Von Schiffmühle bei Freienwalde

waren es nur ein paar Kilometer, dort besaß sein Vater seit 1855 ein kleines Häuschen – heute eine Erinnerungsstätte für Louis Henri und Theodor Fontane. Bei einem Besuch könnte Fontane-Junior durchaus einen Abstecher nach Buckow unternommen haben.

Über die lebensgefährlichen Zufahrten nach Buckow ließen sich später ganze Journalisten-Generationen genüsslich aus. Das verhinderte allerdings nicht, dass sich Buckow seit Mitte des 19. Jahrhunderts zu einem Fremdenverkehrsmagnet entwickelte. Mit Kind und Kegel reiste im Sommer das gehobene Bürgertum aus Berlin an. Mildes Klima und eine malerische Landschaft lockten. Der Leibarzt von Preußenkönig Friedrich IV. forderte seinen Landesherrn zu einem Besuch auf: »Majestät, in Buckow geht die Lunge auf Samt.« Das ist nicht aus der Luft gegriffen. Denn als Luftkurort ist das 1500-Einwohner-Städchen nach wie vor eine Hausnummer unter den brandenburgischen Heilbädern.

Beeindruckt war Fontane vom 40 Meter tiefen Schermützelsee, einem Kind der letzten Eiszeit. Ebenso von den vielen Kehlen, die sich durch die

»Schweizer Berge« ziehen. Kehlen nennt man hier die zum Teil recht imposanten Schluchten.

»Wo liegt denn nun aber die wirkliche Märkische Schweiz?«, fragt Fontane. Ist es die Gegend um Freienwalde oder der Landstrich um Buckow? »Freienwalde ist immerhin eine Dame, Buckow ist eine ländliche Schönheit, die mit nacktem Fuß in den See tritt und unter Weidenzweigen ihr Haar flicht. Nun wähle jeder nach seinem Sinn.«

Um die Frage zu entscheiden, drängt sich eine Wanderung um den See auf, auf dem Panoramaweg. Siebeneinhalb Kilometer auf und ab. Das wusste auch Fontane. »Wir wählen dazu (statt der Fahrt über den See) einen Umweg, durch jene lieblichen Schlucht- und Waldpartien, die ... von einem Bergwasser, dem Marienfließ, durchflossen werden. [...] wer den Harz, wer Thüringen und die sächsische Schweiz kennt, ist manche liebe Stunde unter gleichen Bildern und Eindrücken bergan gestiegen. Tannen und Lärchenbäume fassen zu beiden Seiten die Hügelabhänge ein, Buchen und Birken sind in das Nadelholz eingestreut [...] bis wir nach halbstündigem Marsch die nördliche Richtung aufgeben und links den Tann ohne Weg und Steg

durchbrechend, plötzlich auf einem weiten Acker-
feld uns erblicken, rundum Raps und grüne Saaten,
in der Ferne aber die Giebelwand einer Dorfkirche. Wir befinden uns jetzt auf einem Plateau ...
Aber noch wissen wir es kaum, dass wir uns auf
einer Höhe befinden, denn die weiten Ackerfelder
dehnen sich, bis zum Horizont, wie eine Ebene vor
uns aus und erst nach links hin einer Ackerfurche
folgend, die uns an eine Wand von Brombeer- und
Weißdornsträuchern führt, blicken wir plötzlich in
eine völlig senkrechte Tiefe nieder, – hundert Fuß
unter uns der See.

Wir nehmen nun unsern Stand und haben vielleicht das schönste Landschaftsbild vor uns, das
die ›märkische Schweiz‹ oder doch der ›Kanton
Buckow‹ zu bieten vermag. [...] Die Nachmittagssonne fällt auf die Stadt, die mit ihren roten Dä-
chern und weißen Giebeln wie ein Bild auf dem
dunklen Hintergrund der Tannen steht; das Auge
aber, wohin es durch die Mannigfaltigkeit des Bil-
des auch gelockt werden mag, kehrt immer wieder
auf den rätselvollen See zurück, der in genau zu
verfolgenden Linien halbmondförmig unter uns
liegt.«

~

Chorin bei Eberswalde

Auf den Spuren der Zisterzienser

»... wir vermissen die stille Führerschaft von Sage und Geschichte. Alles lässt uns im Stich, und wir schreiten auf dem harten Schuttboden hin wie auf einer Tenne, über die der Wind fegte. Alles leer.

Kloster Chorin ist keine jener lieblichen Ruinen, darin sich's träumt wie auf einem Frühlingskirchhof, wenn die Gräber in Blumen stehen; es gestattet kein Verweilen in ihm, und es wirkt am besten, wenn es wie ein Schattenbild flüchtig an uns vorüberzieht.«

Es soll Ende Oktober/Anfang November 1863 gewesen sein, als Fontane nach Chorin kam, keine zehn Kilometer von Eberswalde entfernt. Möglicherweise an einem Nebeltag, der sich auf das Gemüt des Entdeckungsreisenden legte. Völlig menschenleer könnte die einstige Klosteranlage gewesen sein. Das ist inzwischen völlig anders: Wer heutzutage hierher kommt, wird selten allein sein. Regen und Sturm, Schnee und Eis, Entfernungen oder Eintrittsgelder halten Geschichts- und Kunstfreunde zu keiner Jahreszeit von einem Besuch ab. Menschenmengen sind es zu Ostern, wenn ein großes Mittelalter-Fest steigt. Von den Tausenden und Abertausenden, die alljährlich zu den Sommerkonzerten anrücken, ganz zu schweigen. Wer hier *Carmina Burana* oder Bachs *Brandenburgische Konzerte* gehört hat, wird Kloster Chorin nicht so schnell vergessen. Es bleibt ein besonderes Erlebnis, im Innenhof zu sitzen oder auf der Wiese zu liegen, in den Himmel zu schauen und den Gedanken freien Lauf zu lassen. Oder beim Anblick des mittelalterlichen Gemäuers an verborgene Schätze zu denken. An Zisterzienser-Mönche, die betend den Kreuzgang entlang schritten. Selbst wenn aus der Klosterkirche eine Ruine geworden ist: Der Respekt vor den mittelalterlichen Baumeistern ist eher größer als kleiner geworden. Das Nord(?)-Portal gehört zu den eindrucksvollsten Baudenkmalen der norddeutschen Backsteingotik. Weshalb sich Fontane eher zurückhaltend geäußert hat, bleibt sein Geheimnis. Dagegen hatte ein halbes Jahrhundert vor ihm ein anderer großer deutscher Künstler eine Lanze für die Klosterruine gebrochen – Karl Friedrich Schinkel, wie Fontane gebürtiger Neuruppiner, seines Zeichens Hofbaumeister in Berlin. Schinkel bedrängte den Kronprinzen, etwas gegen den völligen Verfall von Chorin zu unternehmen. Er fand Gehör bei dem Königssohn, dem späteren Friedrich Wilhelm IV. Seither gilt Chorin als ein frühes Beispiel für Denkmalschutz in Preußen-Brandenburg. Gewiss stieß der Einsatz des Prinzen und seines Baumeisters bei den Märkern nur begrenzt auf Zustimmung. Denkmalschutz stand damals nicht unbedingt auf der Tagesordnung. Da half auch nicht das Argument, dass Chorin den brandenburgischen Markgrafen und ihren Familien als Grabstätte gedient hatte.

Erstaunlich viel Raum hat Fontane dem Vorgänger von Chorin eingeräumt – dem Kloster Mariensee auf der Insel Pehlitzwerder im Parsteiner See. Nur eineinhalb Jahrzehnte lebten die Zisterzienser auf der Insel, dann zog man an den jetzigen Standort. Der Grund dafür könnten regelmäßige Überflutungen gewesen sein. Übrig geblieben sind nur Reste der Klosterkirche: »Die Insel zeigt im übrigen auf den ersten Blick nichts Besonderes; sie macht den Eindruck eines vernachlässigten Parks, in dem die Natur längst wieder über die Kunst hinausgewachsen ist. Es vergeht eine Zeit, ehe man die Trümmer entdeckt und überhaupt in dem bunten Durcheinander sich zurechtfindet; dann aber wirkt alles mit einem immer wachsenden Reiz.«

Diesen Reiz haben seit Jahrzehnten Camper und Badefreunde entdeckt. Zu DDR-Zeiten war es Kult, hier sein Zelt aufzubauen. Auf ihre Kosten kommen auf der Insel auch die Liebhaber alter und seltener Bäume.

1542 kam das Aus für Kloster Chorin. Die Ideen Martin Luthers hatten sich auch in Brandenburg durchgesetzt, das Kloster wurde Eigentum des Landesherrn. Joachim II. machte es zu einem Amtshof – zu einer Versorgungseinrichtung für die kurfürstliche Familie. Besonders verheerend waren die Schäden durch den Dreißigjährigen Krieg. Es war also nur noch eine Frage der Zeit, dass die frühgotische Basilika völlig verschwunden sein würde. 1817 begann unter Schinkels Leitung die Rettung und Sanierung der Ruine. Der Landschaftsarchitekt Joseph Peter Lenné gestaltete das gärtnerische Umfeld. Theodor Fontane im Herbst 1863: »Von den alten Baulichkeiten, wenn dieselben auch Umwandlungen unterworfen wurden, ist noch vieles erhalten; lange einstöckige Fronten, die den Mönchen als Wohnung und Arbeitsstätten dienen mochten, dazu Abthaus, Refektorium, Küche, Speisesaal, ein Teil des Kreuzganges, vor allem die Kirche. Diese, wennschon eine Ruine, richtiger eine ausgeleerte Stätte, gibt doch ein volles Bild von dem, was diese reiche Klosteranlage einst war.«

∾

Bad Freienwalde

Bergstadt und Badeort

»Freienwalde – hübsches Wort für hübschen Ort. [...] Viele Wege führen nach Freienwalde; dies hat es mit berühmteren Plätzen gemein. Wir wählen heute nicht die kürzeste Strecke quer über das Plateau des Barnim hin, sondern die üblichste, über Neustadt-Eberswalde, die, trotz des Umwegs, am raschesten zum Ziele führt. Bis Neustadt – Eisenbahn, von da aus Post. [...]

... an Landhäusern und Wassermühlen, an Gärten und Fischernetzen vorbei, in das hübsche aber holprige Freienwalde hinein.«

Es muss eine recht romantische Fahrt gewesen sein, die Fontane beschreibt. Besonders die Anreise per Postkutsche, um die ihn – zu Recht oder zu Unrecht – heutige Barnim-Touristen durchaus beneiden können.

»Freienwalde ist ein Badeort, eine Fremdenstadt und trägt den Charakter davon zur Schau; was ihm aber ein ganz eigentümliches Gepräge gibt, das ist das, dass alle Bade- und Brunnengäste, alle Fremden, die sich hier zusammenfinden, eigentlich keine Fremden, sondern märkische Nachbarn, Fremde aus nächster Nähe sind.«

Fontane war nicht nur ein- oder zweimal in Freienwalde. Sein Vater Louis Henri hatte Anfang der 1860er Jahre ein kleines Häuschen im benachbarten Schiffmühle gekauft und dort bis zu seinem Tod 1867 gewohnt. Das bescheidene Fachwerkhaus an der Alten Oder ist heute eine Erinnerungsstätte für Fontane-Vater und Fontane-Sohn.

Über seine Reisen ins Oderbruch schreibt der Schriftsteller im September 1862 seiner Frau: »Ich war am Sonntag in Falkenberg, Cöthen und Freienwalde, um sechs bei Vater draußen, den ich sehr munter traf ... gestern wieder um zwölf in Freienwalde. Sechs Stunden lang geklettert. Von sechs bis acht reizende Fahrt nach dem Schlossberg ...«. Am Zweck seiner Reisen ins Bruch lässt er keine Zweifel offen. Er sei hier, um »Stoff einzuheimsen«. Den fand er auch im Freienwalder Schloss und dem Schicksal der Königin Friederike Luise, einer Prinzessin aus dem Hause Hessen-Darmstadt. Der hochadligen Frau muss es in der Barnimer Bergwelt gut gefallen haben. Ab 1790 mietete sie sich jeden Sommer für mehrere Wochen im Haus des Oberförsters ein. Bald ließ sie sich ein eigenes Anwesen errichten. Nach und nach wurde ein Schloss daraus. »Es hat mehr den Charakter eines stattlichen, geschmackvoll aufgeführten Privathauses, als den eines Schlosses. [...] Unter Laub und Blumen gelegen, aus denen, malerisch unterbrochen, die gelben Wände hervorleuchten, macht das Ganze einen durchaus heitern Eindruck ... Geräumige Zimmer, aber weder breite Treppen, noch lange Korridore, weder Hallen noch Säle; ein Bau für eine Königin-Witwe, die sich selber leben will, nicht für eine Königin, die Andren leben muss.« Als 1798 Ehemann Friedrich Wilhelm II. das Zeitliche segnete, könnte sich ihre Trauer in Grenzen gehalten haben.

Seine Seitensprünge waren allgemeiner Gesprächsstoff am Berliner Hof.

In Freienwalde starb 1834 Prinzessin Elisa von Radziwill. Sie war die Jugendliebe des Preußen-Prinzen Wilhelm, dem späteren Kaiser. Nur mit Mühe hatte ihn sein Vater von einem Verlöbnis abbringen können. »Heiraten unter dem Stand« war auch unter aufgeklärten Fürsten undenkbar. 1909 kaufte Walter Rathenau das immer mehr verfallende Schloss. Der Großindustrielle und Außenminister der frühen Weimarer Republik ließ das Haus im Stil des Klassizismus umbauen. Der liberale Politiker fiel 1922 einem Attentat rechtskonservativer Extremisten zum Opfer. Heute befindet sich in dem Haus eine Rathenau-Gedenkstätte.

Fontane führt seine Leser auch durch das romantische Tal nach Cöthen. Vorbei am einzigen Wasserfall im Land Brandenburg, hinauf auf den Schlossberg, von dem ein 25 Meter hoher Aussichtsturm einen ausgezeichneten Blick über das Oderland bis ins benachbarte Polen zulässt. Den sagenumwobenen Baa-See, Liebling der Freienwalder, hielt der Dichter allerdings für überbewertet.

»Was den See zu keiner tieferen Wirkung kommen lässt, ist wohl das, dass er einer gewissen Mischgattung von Seen angehört und zu jener Klasse zählt, die zu finster ist, um zu erheitern, und doch wieder zu heiter ist, um den vollen Eindruck des Schauerlichen zu machen.«

Ein Bummel durch das Kurviertel ist ein Muss. An den Quellen hat einst der Badebetrieb in der Mark begonnen. Und zwar als 1684 Kurfürst Friedrich in Freienwalde Linderung seines Augenleidens fand. Auch wenn heute moderne Heilmethoden und traditionelle Moorpackungen vor allem dem Bewegungsapparat zugutekommen, schwören manche Kurgäste und einige Einheimische auf das Wasser der Kurfürstenquelle. Fontane singt ein Loblied auf den von Linden gesäumten Weg zum Heilbad.

»... was damals eine ›Allee‹ war, ist jetzt eine städtische ›Straße‹ geworden und hinter den schönen Lindenbäumen, die nach wie vor den Weg einfassen, erheben sich, des Schlosses und Schlossgartens zu geschweigen, allerhand Villen, Hotels und Gärten, aus denen hervor im Mai die weißen Blüten und im September die roten Äpfel lachen. [...]

Es ist ein September-Nachmittag. An Linden und Sommerhäusern, zuletzt an der reizend gelegenen Papenmühle vorbei, über deren stillen Teich die Schwäne ziehn, haben wir unsern Gang von der Stadt aus gemacht und sind nun eingetreten in das stille Tal, das den Namen des Freienwalder Gesundbrunnens führt. Die Saison ist schon vorüber; aber die Quellen sprudeln weiter und die Nachmittagssonne steht ruhig über dem Tal und wärmt mit ihren Strahlen die schon herbstesfrische Luft.«

❧

Hakenberg bei Fehrbellin

Friedrich Wilhelm wird zum Großen Kurfürsten

»In unmittelbarer Nähe des ... Dorfes fand das berühmte Reitergefecht statt, das indes ... statt des Namens ›Gefecht bei Hakenberg‹ den schönen Namen der Schlacht von Fehrbellin erhalten hat. Jeder, der sich in der Welt der Reime umhergetummelt hat, wird sich der Verlegenheiten entsinnen, die ihm die Silben ›berg‹ und ›burg‹ bereitet haben. Vollklang und Reimfülle aber stehen wie lachende Genien neben dem Wort ›Fehrbellin‹.«

Dieses Schlachtfeld, lässt Theodor Fontane seine Leser wissen, liege »noch eine halbe Meile jenseits Fehrbellin, dicht an der Straße, die sich wie eine Grenzlinie zwischen dem Luch und der Höhe hinzieht. Zunächst erreicht man das Dorf Tornow, dann das Dorf Hakenberg ...« Unmittelbar hinter dem Dorf befand sich »das Monument, das, zum Andenken an die Schlacht, im Jahre 1800 errichtet und im Jahre 1857 erneuert worden ist. Das Denkmal, einfach aus Sandstein aufgeführt, ist ein Oblong [Gedenkstele – d. A.], auf dessen oberem Teil eine Schale oder Urne steht. Der Hinweis auf diese Schlichtheit soll dem Monument kein Vorwurf sein, im Gegenteil.«

Der Reisende in Sachen preußisch-brandenburgischer Geschichte kam im Juli 1859 hierher, und da war von der 36 Meter hohen Siegessäule noch nichts zu sehen. Erst seit 1879 thront Göttin Viktoria auf der Spitze eines Backsteinturms. Die imposante Dame misst reichlich vier Meter und bringt gut fünfzehn Tonnen auf die Waage. 114 Stufen führen zu einer Besucherplattform, die eine ausgezeichnete Sicht über das Luch zulässt.

Der Eifer der Märker für den Bau eines solch

repräsentativen Denkmals ist nachvollziehbar. Hier wurde 1675 Kurfürst Friedrich zum Großen Kurfürsten. Es war die erste hochkarätige Schlacht, aus der das Kurfürstentum als eindeutiger und alleiniger Sieger hervorging. Gewiss wäre mit dem Begriff »Gefecht« der Umfang des blutigen Hauens und Stechens besser umschrieben. 11.000 Schweden mussten sich 6000 Brandenburgern geschlagen geben. Auf dem Schlachtfeld blieben 3000 Tote zurück. Die Männer aus Skandinavien zogen sich aus der Mark zurück. Vorausgegangen war der Entscheidung von Fehrbellin ein Gewaltmarsch Friedrichs aus dem Elsass an die Havel. Über Magdeburg und Rathenow führte er seine berittenen Truppen nach Nordosten, um am Rhin eine Entscheidung zu suchen. In der Hakenberger Kirche befindet sich eine Sammlung von knapp 50 Gewehr- und Kanonenkugeln. In einem Fehrbelliner Park – eher etwas vergessen – schaut der Große Kurfürst vom Denkmalsockel wohlwollend auf »seine« Märker herab.

Zurück zum Schlachtfeld von anno 1675: »Die unmittelbare Umgebung des Denkmals ist wenig poetisch und wird den Erwartungen derer wenig entsprechen, denen das schöne Wort ›Fehrbellin‹

verführerisch im Ohre klingt oder die den ›Prinzen von Hessen-Homburg‹ unseres Heinrich von Kleist begeistert im Herzen tragen. Die Umgebung ist schlicht-märkisch, aber nicht fehrbellinisch. Ein Kartoffelfeld schließt das Denkmal ein, und die einzige Hoffnung, die dem Besucher bleibt, knüpft sich an die Lehre von der Fruchtfolge.«

Mit einem Gedicht reihte sich Fontane ein in die unübersehbare Schar vaterländischer Schlachten-Sänger.

>Auf der Fehrbelliner Flur
Gab es Blumen am Schlachttag nur.
Märkische Rosse gewannen die Schlacht,
Haben das Feld berühmt gemacht.
Und dies Feld, es zahlt mit Glück
Alte Schulden in Hafer zurück.«

Kostrzyn/Küstrin bei Seelow

Das »Pompeji der Neumark«

»Jenseits der Oder, wo zwischen Werft und Weiden die Warthe rechtwinklig einmündet, liegt Küstrin; ein durch die Jahrhunderte in den Geschichten unseres Landes oft genannter Name. Oft, aber selten freudig. Etwas Finster-Unheimliches ist um ihn her, und in meiner Erinnerung seh ich den Ort, der ihn trägt, unter einem ewigen Novemberhimmel.«

Nachweislich viermal hat Fontane die Festungsstadt besucht. Doch sein Küstrin gibt es nicht mehr. In den letzten Kriegstagen 1945 versank die Stadt in Schutt und Asche. Der Sturm sowjetischer Truppen auf Berlin sollte hier aufgehalten werden. Ein sinnloses Vorhaben, wie sich zeigte. Der Vergleich mit dem italienischen Pompeji, das nach einem Vulkanausbruch von der Landkarte verschwand, ist gar nicht so abwegig. Nach der Konferenz von Potsdam wurden die europäischen Grenzen neu gezogen. Aus der Stadt Küstrin mitten in Preußen-Brandenburg wurde das westpolnische Kostrzyn. Was Granaten und Feuerwalze übriggelassen hatten, diente dem Wiederaufbau, wenn auch nicht an historischer Stelle. Die Vorstadt wurde zum neuen City-Bereich. Das alles hat Fontane nicht einmal in Ansätzen erahnen können. Offenbar hingen sein Unbehagen und die empfundene November-tag-Szenerie eher mit der Vergangenheit der Festung zusammen.

»Seine Belagerungen, leider keine leuchtenden Edelsteine im Wappenschilde preußischer Ehre, sind berühmt geworden; vor allem aber ist der Name Küstrins mit der Jugendgeschichte Fried-richs II. für immer verwoben und dadurch überall ein bekannter Klang geworden, wo man den Na-men des großen Königs nennt.«

Mehr als 40 Seiten seiner *Wanderungen* hat Fontane der sogenannten Katte-Tragödie gewid-met. Zur Erinnerung: 1730 wollte der 18-jährige Kronprinz Friedrich aus dem Land fliehen. Die Schikanen seines Vaters, des Soldatenkönigs Fried-rich Wilhelm I., meinte er nicht länger ertragen zu können. Die Flucht scheiterte schon im Ansatz. Fritz und sein Vertrauter Hans Hermann von Katte wurden festgenommen. Den Freund verurteilte ein Militärgericht zu lebenslangem Kerker. Das hielt der

König für zu milde und machte daraus ein Todes-
urteil. Für die Bestrafung des Prinzen sahen sich die
Richter nicht zuständig. Friedrich landete erst einmal in Küstrin. Kattes Hinrichtung wurde am 6. November 1730 vollstreckt – durch das Schwert. Nicht
irgendwo, sondern in Küstrin. Der Prinz wurde ge-
zwungen, der Exekution zuzusehen. Fontane fragte:
War es Gesetz oder Willkür? War es Gerechtigkeit
oder Grausamkeit? Er machte sich auf, den genauen
Standort der Richtstätte zu finden. Zwischen Schloss
und der Bastion Brandenburg wurde er fündig. Eine
Tafel markiert heute die Stelle.

Nach zwei Jahren durfte Friedrich die Festung
verlassen, er fügte sich den Befehlen des Vaters und
ging nach Neuruppin.

Noch einmal wurde Küstrin zur einer »Schick-
salsstunde« Friedrichs II. Im Siebenjährigen Krieg,
und zwar 1758, belagerten russische Soldaten die
Stadt. Durch den Artillerie-Beschuss gingen fast alle
Häuser in Flammen auf. Doch die Wälle und Mauern waren nicht zu überwinden. An der Spitze seiner
Armee eilte Friedrich II. zu Hilfe. Die Russen wurden
vertrieben. In der Schlacht von Zorndorf schlugen
die Preußen am 25. August das feindliche Heer.

Dagegen muss der 1. November 1806 Theodor Fontane wie eine mittlere nationale Katastrophe vorgekommen sein. Die Festung kapitulierte ohne Gegenwehr vor den Truppen Napoleons, obwohl die eindrucksvolle Verteidigungsanlage als uneinnehmbar galt. Wenige Tage zuvor waren König Friedrich Wilhelm III. und seine Ehefrau Luise von hier aus in das vermeintlich sichere ostpreußische Memel geflüchtet. Erst im März 1814 zogen sich die Franzosen aus Küstrin zurück. Wer heute einen Spaziergang durch das Ruinen-Gelände macht, der kann die Bedeutung der Stadt nur ahnen. Zwei Tore sind restauriert worden, ein hölzernes Kreuz kennzeichnet die Stelle, an der die Kirche stand. Mauerreste vom Schloss sind zu sehen, auch Eingänge zu Wohnhäusern. In den Kasematten soll nachts der Geist von Markgraf Hans von Küstrin spuken. Er hatte im 16. Jahrhundert Küstrin zur Residenz gemacht und die Festung erbaut.

Fontane entwarf ein lebendiges Bild des Hohenzollern-Fürsten. Er griff »in Großes und Kleines ein, bestimmte die Preise der Lebensmittel, verbot den Handwerkern, werkeltags in Bierhäusern zu frühstücken und ordnete die Zahl der Gerichte bei

Hochzeiten und Kindtaufen. Selbst die Tafelstunden wurden bestimmt. Daneben war er um alles, was krank, elend und bedürftig war, aufs sorglichste und liebevollste bemüht, und die Armen hatten ein Recht, ihn ihren ›Vater‹ zu nennen. [...] Er war klug und scharfblickend, ein Mann der Ordnung und des Gesetzes, ein glänzender Haushalter und ein unermüdlicher Begründer eigenen und fremden Wohlstandes. Das machte ihn volkstümlich. [...] Sein Kardinalfehler war der Geiz, in den seine weise Sparsamkeit beständig ausartete.«

Wer in unseren Tagen einen Spaziergang durch das neumärkische Pompeji unternimmt, kann nachempfinden, was Küstrin ausmachte, bevor es durch den Versailler Vertrag den Festungsstatus und durch den Zweiten Weltkrieg die historische Gestalt verlor. »Innerhalb der Festungswerke lag die Stadt mit Marktplatz, Kirche, Schloss, letzteres hart an den Wall gelehnt, und zwar zwischen Bastion König und Bastion Brandenburg. Auf den Wällen selbst befand sich alles, was eine Festung an Magazinen, an Gieß- und Zeughäusern an Pulver und Getreidemühlen erforderte.«

∾

Lehde bei Lübbenau

Eine Lagunenstadt im Taschenformat

»Wir stiegen ein und die Fahrt begann. Gleich die erste halbe Meile ist ein landschaftliches Kabinettstück und wird in soweit durch nichts Folgendes übertroffen, als es die Besonderheit des Spreewaldes: seinen Netz- und Insel-Charakter, am deutlichsten zeigt. Dieser Netz- und Insel-Charakter ist freilich überall vorhanden, aber er verbirgt sich vielfach, und nur derjenige, der in einem Luftballon über das vieldurchschnittene Terrain hinwegflöge, würde die zu Maschen geschlungenen Flussfäden allerorten in ähnlicher Deutlichkeit wie zwischen Lübbenau und Lehde zu seinen Füßen sehen.«

Fontane war im Hochsommer 1858 im Spreewald. Der Ausflug ins südöstliche Brandenburg gehört zu seinen ersten *märkischen Wanderungen*. Der damals 40-Jährige beichtete später seiner Frau: »Der Spreewald hat 10 Rtl. gekostet und 21 Rtl. eingebracht, geschäftlich genommen also ein ziemlich trauriges Business, denn acht Tage waren nötig, um die vier Kapitel zu schreiben.«

Aufgebrochen nach Lehde war Fontane per Kahn von Lübbenau aus. Den gleichen Anmarschweg empfehlen heutzutage auch Tourismus-Profis. Alternativ per pedes beziehungsweise per Rad. Erst seit 1929 gibt es eine Landverbindung. Parkplätze im Ort zu finden ist reines Wunschdenken. Stattdessen besteige man im Großen Fährhafen von Lübbenau den traditionellen Spreewald-Kahn. Bis zu neun Meter lang und bis zu zwei Meter breit, aus Kiefernholz gebaut, neuerdings immer mehr aus Leichtmetall. Etwa zwanzig Gäste finden darin Platz. Nach knapp eineinhalb Stunden ist das einstige Fischerdorf erreicht. Heute leben hier reichlich 130 Einwohner. Zu Fontanes Zeiten sollen es doppelt so viele gewesen sein. Jedes Anwesen besitzt einen eigenen Anleger. Zwischen 80 bis 100 Zentimeter tief sind die Kanäle. Was sofort ins Auge sticht, das sind die traditionellen Fachwerkhäuser aus Holz. Sie sind Grund genug, den gesamten Ort zum Freilichtmuseum zu erklären.

»Es ist die Lagunenstadt in Taschenformat, ein Venedig, wie es vor 1500 Jahren gewesen sein mag, als die ersten Fischerfamilien auf seinen Sumpf-Eilanden Schutz suchten. Man kann nichts Lieblicheres sehn als dieses Lehde, das aus eben so vielen Inseln besteht, als es Häuser hat. Die Spree bildet die große Dorfstraße, darin schmalere Gassen von links und rechts her einmünden. Wo sonst Heckenzäune sich ziehn, um die Grenzen eines Grundstückes zu markieren, ziehen sich hier vielgestaltige Kanäle, die Höfe selbst aber sind in ihrer Grundanlage meistens gleich. Dicht an der Spreestraße steht das Wohnhaus, ziemlich nahe daran die Stallgebäude, während klafterweis aufgeschichtetes Erlenholz als schützender Kreis um das Inselchen herläuft. Obstbäume und Düngerhaufen, Blumenbeete und Fischkasten teilen sich im Übrigen in das Terrain und geben eine Fülle der reizendsten Bilder. Das Wohnhaus ist jederzeit ein Blockhaus mit kleinen Fenstern und einer tüchtigen Schilfdachkappe; das ist das Wesentliche; seine Schönheit aber besteht in seiner reichen und malerischen Einfassung von Blatt und Blüte: Kürbis rankt sich auf, und Geißblatt und Convolvulus schlingen sich mit allen Farben hindurch. «

Der Spreewald ist ein landschaftliches Juwel. Ein

»grüner Edelstein«, der allerdings ständig Schutz und Pflege bedarf. Deshalb auch der Status »Biosphären-Reservat«. Um die 5000 Pflanzen- und Tierarten leben hier. Der seltene, menschenscheue Fischotter geht an den Fließen auf Jagd, der Biber ist zurückgekehrt. Die Orchideen-Wiesen am Byhleguhrer See sind ein ganz besonderes Geschenk der Natur. Einen völlig anderen Schutzstatus genießt das wohl bekannteste Produkt der Region – die Gurke. Ein Gurkenmuseum gibt es und einen Gurkenradweg, der über 260 Kilometer durch das Biosphären-Reservat führt. In Lübbenau am Hafen wartet die sogenannte »Gurken-Meile« auf Kunden. Gewürzgurken und Senfgurken, saure Gurken und Knoblauchgurken gibt es hier gewissermaßen aus erster Hand. Und Leinöl sowieso, ohne dass das Niederlausitzer Nationalgericht, Pellkartoffeln mit Quark, undenkbar ist. Fontane, der bekanntlich viel Wert auf gutes Essen legte, notierte tief beeindruckt: »Unter diesen Produkten stehen die Gurken obenan. In einem der Vorjahre wurden seitens eines einzigen Händlers 800 Schock [48.000 Stück – d. A.] pro Woche verkauft. [...]. Im Übrigen verweilt Lübbenau nicht einseitig bei dem Verkauf eines Artikels, der schließlich doch vielleicht den Spott herausfordern könnte, Kürbis und Meerrettich schließen sich ebenbürtig an und vor allem die Sellerie, hinsichtlich deren Vorzüge die Meinungen nicht leicht auseinandergehen.«

❧

Lindow bei Rheinsberg

Kloster Lindow ist Kloster Wutz

»Unser Weg führt uns von Alt Ruppin auf Lindow zu. Die nur durch ihre Lage reizende Stadt kann uns durch ihre Straßen und Plätze nicht fesseln, aber jenseits derselben, wo sich die Schmalung zwischen dem Gudelack- und dem Wutz-See wieder zu weiten beginnt, werden wir, nach rechts hin, eines Konglomerates von Häusern und Ruinen ansichtig, um welches sich eine niedrige Steinumwallung: die Einfriedigung von Kloster Lindow, zieht. Wir ... überklettern die gerad an dieser Stelle weder Tür noch Pforte zeigende Mauer und befinden uns auf einer von prächtigen alten Bäumen überragten Parkwiese ...«

Theodor Fontane erkundete das einstige Frauenkloster im Spätsommer 1873. Vom 16. bis 29. September sammelte er im Landstrich um Neuruppin und Rheinsberg Material für seine Märkischen Wanderungen. Mitte fünfzig war er, als er die Klostermauer überstieg. Gern hätte man dem Schriftsteller bei der illegalen Kletterpartie zugesehen. Heute vermeldet ein Schild: Durchgang gestattet! An anderer Stelle soll eine Nonne aus ihrer Klostergefangenschaft geflüchtet sein. Die Legende erwähnt die Seeseite, an der die junge Amalie mit Hilfe ihres Geliebten entkam. Eine lebensgroße Steinfigur steht nunmehr mitten im See und macht die Besucher auf das Schicksal der mutigen Frau aufmerksam.

> »Wie seh ich, Klostersee, dich gern!
> Die alten Eichen stehn von fern
> Und flüstern, nickend, mit den Wellen.
>
> *
>
> Und Gräberreihen auf und ab;
> Des Sommerabends süße Ruh
> Umschwebt die halbzerfallnen Grüfte.«

Dieses Gedicht, zeitgenössisch sentimental, stellte Fontane seiner Reportage voran, so sehr war er von Kloster Lindow beeindruckt.

Der Klosterfriedhof hat etwas von einem »Who is who« des märkischen Adels. Klangvolle Namen – von Ziethen und von Quast, von Bredow und von Rochow, von Gühlen und von Pannewitz. Kloster Lindow war ausgesprochen wohlhabend, im frühen 16. Jahrhundert gehörten den frommen Schwestern 18 Dörfer und das gleichnamige Städtchen. Nach der Reformation wurde das Kloster in ein evangelisches Fräuleinstift umgewandelt. Nun bereiteten sich hier blaublütige Töchter auf ihre Hochzeit vor, adlige Witwen fanden ein standesgemäßes Unterkommen.

Die einstige Klosterschule gehört zu den wenigen vorreformatorischen Gebäuden, die sich in die Gegenwart gerettet haben. Wie die mit Efeu bewachsene Kirchenruine und die Rudimente des Speisesaales bringt sie das späte Mittelalter in das Bauensemble ein. Vieles wurde im Dreißigjährigen Krieg zerstört. Die Steine ließ der Große Kurfürst nach Oranienburg schaffen – zum Schlossbau. Die Gebäude, in denen sich heute ein Senioren- und Pflegeheim befindet, stammen aus jüngerer und jüngster Zeit.

Das Kloster hat Fontane bis zu seinem Lebensende nicht losgelassen. Die Äbtissin, so berichten Zeitgenossen, war eine hochangesehene und vielbeschäftigte Frau. Sie fand dank Fontane Einzug in die Weltliteratur. Der Autor, gut erzogen, wie er war, stellte sich bei seinem ersten Besuch bei ihr mit seinem Namen vor. Darauf ließ sie ihn wohlwollend wissen: Ja, ja, die Familie von Tanne, ein verdienstvolles Geschlecht! Später machte allerdings die Runde, der Romancier hätte die Anekdote selbst erdacht.

Ein knappes Vierteljahrhundert dauerte es, bis er seine Kloster-Erinnerungen noch einmal aufgriff. In seinem letzten Roma, dem *Stechlin*, wird aus Kloster Lindow das Kloster Wutz. Diesmal beschrieb er den Besuch des Gardeoffiziers Woldemar von Stechlin samt Freunden in dem Adelsstift. Seine erzkonservative Tante Adelheid amtiert dort als Domina, so ihr offizieller Titel.

Es ist ein morbider Charme, den die Klosteranlage bis heute ausstrahlt: »In der Tat, wohin man sah, lagen Mauerreste, in die, seltsamlich genug, die Wohnungen der Klosterfrauen eingebaut waren, zunächst die größere der Domina, daneben die kleineren der vier Stiftsdamen, alles an der vorderen Langseite hin. Dieser gegenüber aber zog sich eine zweite, parallel laufende Trümmerlinie, darin die Stallgebäude, die Remisen und die Rollkammern untergebracht waren. Verblieben nur noch die zwei Schmalseiten, von denen die eine nichts als eine von Holunderbüschen übergrünte Mauer, die andere dagegen eine hochaufragende mächtige Giebelwand war ... Sie stand da, wie bereit, alles unter ihrem beständig drohenden Niedersturz zu begraben ... «

Marquardt bei Potsdam

Der König und die Rosenkreuzer

»Eine Meile hinter Bornstedt ... liegt Marquardt, ein altwendisches Dorf, ebenso anziehend durch seine Lage wie seine Geschichte. Wir passieren Bornim, durchschneiden den ›Königsdamm‹ und münden unmerklich aus der Chaussee in die Dorfstraße ein, zu deren Linken ein prächtiger Park (in seiner Mitte das Herrenhaus) bis an die Wublitz und die breiten Flächen des Schlänitz-Sees sich ausdehnt. «

Nachweisbar drei Mal war Fontane in dem Havelort, ungefähr ein Dutzend Kilometer vom Potsdamer Stadtrand entfernt gelegen. Zum ersten Mal war er 1869 hier, als er sich mit einem Potsdamer Lehrer namens Wagener zu einer »Entdeckungsreise« aufmachte. Er suchte Geschichten – diesmal Familien-Geschichten. So hat er der Familie von Printzen und der Familie von Bischofwerder (Fontane schreibt »Bischofswerder«) viel Platz eingeräumt. Gleichzeitig hoffte er auf Material für eine Arbeit über Geheimgesellschaften und Sekten des 18. Jahrhunderts. In Marquardt ging er den Spuren des sogenannten Rosenkreuzer-Ordens nach. Der Ort galt als besonders geeignet für spirituelle Sitzungen. Seit 1795 gehörte das Anwesen Johann Rudolf von Bischofwerder, mal mit einem »F« geschrieben, mal mit Doppel-F. Wie auch immer, gemeint ist ein Mann, der sich durch viele Talente auszeichnete. Er war ein Militär, der es bis zum General brachte und Kabinettsminister unter König Friedrich Wilhelm II. wurde. Außerdem galt er als einer der führenden Köpfe der Rosenkreuzer. Ursprünglich hatte der Orden dem Urchristentum nahegestanden, aber nach und nach setzten sich Okkultismus, Spiritismus und Alchemie durch. Jedenfalls besaß Bischofwerder das uneingeschränkte Vertrauen des preußischen Königs. Wilhelm II. hatte ihm sogar das Geld für den Ankauf von Marquardt zukommen lassen. So entstand ein Herrenhaus, von dem Fontane nicht sonderlich beeindruckt war:

»1791 legte ein rasch um sich greifendes Feuer das halbe Dorf in Asche; auch das ›Schloss‹ brannte aus; nur die Umfassungsmauern blieben stehen. Das Herrenhaus, wie es sich jetzt präsentiert, ist also nur 80 Jahre alt. Es macht indessen einen viel älteren Eindruck [...] Die innere Einrichtung bietet nichts Besonderes ...«

Auch das heutige Schloss ist kein architektonisches Glanzstück. Immer wieder wurde angestückelt. Der Turm stammt aus dem frühen 20. Jahrhundert. Von Neobarock sprechen die Bauhistoriker und singen nicht gerade Lobeshymnen darauf. Meistens steht das Schloss leer. Es kann für Hochzeiten oder andere Familienfeiern sowie für Firmenfeste gemietet werden.

Fontane hatte es der Schlosspark angetan: »Er ist, in seiner gegenwärtigen Gestalt, im Wesentlichen eine Schöpfung des Günstling-Generals. Seine Lage ist prächtig; in mehreren Terrassen … steigt er zu dem breiten, sonnenbeschienenen Schlänitz-See nieder, an dessen Ufern, nach Süden und Südwesten hin, die Kirchtürme benachbarter Dörfer sichtbar werden. Mit der Schönheit seiner Lage wetteifert die Schönheit der alten Bäume: Akazien und Linden, Platanen und Ahorn, zwischen die sich grüne Rasenflächen und Gruppen von Tannen und Weymouths-Kiefern einschieben.«

Tatsächlich kann als eigentlicher Schöpfer einmal mehr Peter Joseph Lenné punkten. Wonach aber Fontane besonders suchte, das war die sogenannte Blaue Grotte. Dabei handelte es sich um eine unterirdische Kapelle, ausgelegt mit blauen Lazursteinen, die bei Kerzenschein ein magisches Licht ausstrahlten. Dorthin begaben sich die Rosenkreuzer, in ihrem Kreis Friedrich Wilhelm. Angerufen wurden längst verstorbene Geistesgrößen. Der König richtete seine Bitten vor allem an den Großen Kurfürsten. Der seit 1688 tote Preußenfürst soll bereitwillig die königlichen Fragen beantwortet haben. Später kam ans Licht: Die Grotte besaß doppelte Wände. Dort hatten die Beauftragten Bischofwerders Platz genommen und gaben entsprechende Antworten. In Berlin und Potsdam wurden dann die Hinweise aus dem Jenseits in Tagespolitik umgesetzt.

Insbesondere der Kronprinz, der spätere König Friedrich Wilhelm III., hasste den Günstling seines Vaters. Nach dessen Tod jagte er den adligen Scharlatan vom Hof. Den genauen Standort der Grotte hat man bis heute nicht eindeutig ausmachen können!

Im Dorf und in den beiden Residenzstädten traf Fontane Zeitgenossen, die den Sohn des königlichen Günstlings noch gekannt hatten: »Im Übrigen war er in Erscheinung und Charakter ganz der Sohn seines Vaters, ganz ein Bischofwerder: groß, ritterlich, dem Dienst des Königs und der Frauen in gleicher Weise hingegeben, eine ›Persönlichkeit‹, mit Leidenschaft Soldat.« In Berlin hat dieser leidenschaftliche Soldat Spuren hinterlassen. Blutige Spuren. Im März 1848 stand er an der Spitze jenes Regimentes, das vor dem Schloss die Proteste der Bevölkerung im Blut ertränkte.

Die gnädige Frau überlebte den alten Bischofwerder um viele Jahre. Weil während der französischen Besetzung im Keller ein Soldat ums Leben kam, wird die Dame mit einer Spuk-Erscheinung in Verbindung gebracht: »... die ›Gräfin‹, wie man sich im Dorfe erzählt, kann nicht Ruhe finden. Oft in Nächten ist sie auf. Sie kann von Haus und Besitz nicht lassen. Sie geht um. Aber es ist, als ob ihr Schatten allmählich schwände. Noch vor 20 Jahren wurde sie gesehen, in schwarzer Robe, das Gesicht abgewandt; jetzt hören die Bewohner des Hauses sie nur noch. Wie auf großen Socken schlurrt es durch alle unteren Räume; man hört die Türen gehn; dann alles still. Einige sagen, es bedeute Trauer im Hause; aber das Haus ist nicht bischofwerdersch mehr und so mögen die Recht haben, die da sagen: sie ›revidiert‹, sie kann nicht los.«

Mittenwalde bei Königs Wusterhausen

St. Moritz und
der Dichter-Pfarrer

»Im Allgemeinen darf man fragen: Wer reist nach
Mittenwalde? Niemand. Und doch ist es ein se-
henswerter Ort, der Anspruch hat auf einen Besuch
in seinen Mauern. Nicht als ob es eine schöne Stadt
wäre, nein; aber schön oder nicht, es ist sehenswert,
weil es alt genug ist um, eine Geschichte zu haben.«

Fontane machte sich Pfingsten 1862 auf zu einer
Reise in den Teltow, in den Landstrich südlich von
Berlin. Schon zu seiner Zeit erinnerte nur noch
wenig an das alte Mittenwalde. An die mittelalterliche Stadt, von der aus im 14. Jahrhundert Kaiser
Karl IV. befahl, alle märkischen Burgen in einen
wehrhaften Zustand zu versetzten. Von der Mittenwalder Stadtbefestigung retteten sich das Berliner
Tor und der Pulverturm in die Gegenwart. »In alter
Zeit, als Mittenwalde noch ›fest‹ war, war dieser
Torbau von ziemlich zusammengesetzter Natur
und bestand aus einem quer durch den Stadtgraben
führenden Steindamm, dessen Mauerlehnen hüben

und drüben in einen Außen- und Innen-Turm aus-
liefen. Von jenem, dem Außen-Tor, steht noch die
Front, ein malerisch gotisches Überbleibsel, das in
seiner Stattlichkeit und reichen Gliederung mehr
noch an die berühmten Torbauten altmärkischer
Städte (beispielsweise Salzwedels und Tanger-
mündes) als an verwandte Bauten der Mittelmark
erinnert.«

Hier betrat der später bekannteste Einwohner
die Stadt – der evangelische Pfarrer Paul Gerhardt. Man schrieb das Jahr 1651. Der Dreißig-
jährige Krieg war zwar schon seit drei Jahren zu
Ende, doch das Kurfürstentum Brandenburg war
längst noch nicht wieder zum Vorkriegsalltag zurückgekehrt. An jenem 28. September befand sich
Gerhardt, der gebürtige Sachse, auf dem Weg zur
Probepredigt in der Sankt-Moritz-Kirche. Bis zu
seinem 44. Lebensjahr hatte er warten müssen, um
die allererste Festanstellung angeboten zu bekommen. Die Mittenwalder Gemeinde fand nun in ihm
den geeigneten Mann. So wurde er Propst in einer
Kleinstadt, die durch Mord und Totschlag, durch
Hunger und Seuchen von ehemals reichlich 1000
auf knapp 250 Einwohner geschrumpft war. Andere

hatten aus Zukunftsangst das Ackerbürger-Städtchen auf Nimmerwiedersehen verlassen.

Neben seiner Arbeit als Pfarrer schrieb Gerhardt unzählige Kirchenlieder. Viele wurden Volkslieder, bis heute findet man sie in evangelischen Gesangsbüchern. Im Advent singen die Gemeinden *Wie soll ich dich empfangen?* und am Heiligabend *Ich steh an deiner Krippen hier*. Im Frühjahr 1657 folgte Gerhard dem Ruf als Diakon an die Nikolaikirche in Berlin. Nach einem Zerwürfnis mit dem Großen Kurfürsten siedelt er nach Lübben über, das damals zu Sachsen-Weißenfels gehörte. Gerhardt hatte ein Toleranz-Edikt des Großen Kurfürsten abgelehnt und wurde deshalb entlassen.

»Aus dem 13. Jahrhundert stammt die Mittenwalder Probstei- oder St. Moritz-Kirche. Die Kreuzgewölbe sind später. Man sieht deutlich, wie die mächtigen alten Pfeiler in bestimmter Höhe weggebrochen und die alten Tonnengewölbe durch neue, von eleganterer Konstruktion ersetzt wurden. Um vieles moderner ist der Turm, dem übrigens mit Rücksicht auf das Jahr seiner Entstehung (1781) alles mögliche Lob gespendet werden muss. [...]

Und nun treten wir in das Innere der Kirche,

die reich ist an Bildern und Grabsteinen und noch reicher an Erinnerungen. [...] Vor dem Altare liegen die Grabsteine von Bürgermeister und Rat, der Altar selbst aber, ein Schnitzwerk aus katholischer Zeit und mit Bildern auf der Kehrseite seiner Türen, ist mutmaßlich ein Geschenk, das von Kurfürst Joachim I. der Mittenwalder Kirche gemacht wurde. «

Der wertvolle Altar, der die Bilderstürme nach der Reformation und spätere Kriegszerstörungen überdauert hat, soll zu großen Teilen aus Antwerpen stammen. Er wurde 1514 von der brandenburgischen Kurfürstin Elisabeth in Auftrag gegeben, einer Prinzessin aus schwedischem Königshaus. Lange bevor sich offiziell die Reformation in Brandenburg durchsetzte, bekannte sich Elisabeth zu Luther. Der Kurfürst tobte. Weltliche und geistliche Ratgeber wurden befragt, ob das Bekenntnis zur neuen Glaubenslehre nicht Grund genug für einen Gerichtsprozess wäre. Die Kurfürstin wartete das Gutachten nicht ab, 1528 floh sie ins sächsische Torgau. Den Altar stiftete Elisabeth mit Sicherheit nicht für Mittenwalde. Er stand ursprünglich in einer Klosterkirche des Dominikaner-Ordens. Wahrscheinlich in Berlin. Deshalb vermutete

Fontane, Joachim I. habe das Kunstwerk der märkischen Kleinstadt vermacht.

Noch zwei weitere Personen hält Fontane für unbedingt erwähnenswert: Kronprinz Friedrich, später Friedrich der Große, der sich hier 1730 nach seiner gescheiterten Flucht einem zweitägigen Verhör unterziehen musste, und Major Hans David Ludwig York von Wartenberg. Der Offizier, der sich später als General in den Befreiungskriegen gegen Napoleon einen Namen machte, kam Silvester 1799 nach Mittenwalde, um das dort stationierte Regiment zu übernehmen.

»Die erste Begegnung war gemütlich genug, der dienstliche Ernst kam nach. Das seit 1780 in Mittenwalde stehende Jägerregiment war verwahrlost; er gab ihm einen neuen Geist, und dieser Geist war es, der sich sieben Jahre später erfolgreich in jenen kleinen Kämpfen bewährte, die dem Tage von Jena folgten. [...]

Das Haus, das Major von York bewohnte, existiert noch. Es ist jetzt ein Gasthaus, in der Hauptstraße der Stadt gelegen, und führt wie billig den Namen ›Hotel York‹.«

≈

Neuglobsow bei Gransee

Wenn der Rote Hahn aufsteigt

»Einer der Seen, die diese Seenkette bilden, heißt ›der Stechlin‹. Zwischen flachen, nur an einer einzigen Stelle steil und kaiartig ansteigenden Ufern liegt er da, rundum von alten Buchen eingefasst, deren Zweige, von ihrer eignen Schwere nach unten gezogen, den See mit ihrer Spitze berühren. Hie und da wächst ein weniges von Schilf und Binsen auf, aber kein Kahn zieht seine Furchen, kein Vogel singt, und nur selten, dass ein Habicht drüber hinfliegt und seinen Schatten auf die Spiegelfläche wirft«, heißt es im Roman *Der Stechlin*.

»Da lag er vor uns, der buchtenreiche See, geheimnisvoll, einem Stummen gleich, den es zu sprechen drängt. Aber die ungelöste Zunge weigert ihm den Dienst, und was er sagen will, bleibt ungesagt.

Und nun setzten wir uns an den Rand eines Vorsprungs und horchten auf die Stille. Die blieb, wie sie war: kein Boot, kein Vogel; auch kein Gewölk. Nur Grün und Blau und Sonne.«

Seit seinen ersten »Entdeckungen« im Ruppiner Land hat Fontane der Stechlin nicht mehr losgelassen. Als breit angelegte Reisereportage erschienen seine Erlebnisse allerdings erst 15 Jahre später. Gewissermaßen hautnah kann man bis heute im Gasthof »Fontane-Haus« in Neuglobsow den Geist des Schriftstellers spüren. Hier hat der Dichter nicht nur einmal genächtigt.

Der Stechlin, bis zu siebzig Meter tief, gilt als sauberster See Brandenburgs. An einigen Stellen lässt er Blicke bis zu elf Metern in die Tiefe zu. Seine Wasserqualität ist sprichwörtlich. Daran hat auch ein Kernkraftwerk nichts ändern können, das bis 1990 Strom in das Netz einspeiste.

Im Roman *Der Stechlin* führt Fontane seine Leser durch ein gleichnamiges Dorf zum Schloss, auf dem über Jahrhunderte hinweg das Geschlecht der von Stechlins das Sagen hatte.

»Während der Schwedenzeit aber wurde das alte Schloss niedergelegt ..., bis kurz nach dem Regierungsantritt Friedrich Wilhelms I. die ganze Trümmermasse beseite geschafft und ein Neubau beliebt wurde. Dieser Neubau war das Haus, das jetzt noch stand. Es hatte denselben nüchternen Charakter wie fast alles, was unter dem Soldatenkönig entstand, und war nichts weiter als ein einfaches Corps de logis [typisch für einfache Herrenhäuser der Barockzeit – d. A.], dessen zwei vorspringende, bis dicht an den Graben reichende Seitenflügel ein Hufeisen und innerhalb desselben einen kahlen Vorhof bildeten, auf dem, als einziges Schmuckstück, eine große blanke Glaskugel sich präsentierte.«

Stechlin-Touristen suchen vergeblich nach der Glaskugel. Das Herrenhaus ist erst recht nicht zu finden. Schloss Stechlin ist ein Phantasieprodukt. Ein Herrenhaus hat es in Seenähe nie gegeben. Trotzdem hat es den Aufstieg in die Höhen der deutschsprachigen Literatur geschafft. Über dieses Kapitel des *Stechlin*-Romans hat man den Schriftsteller nicht mehr befragen können. Der Stechlin ist sein letztes Werk und ging erst nach seinem Tod in Druck. Das literarische Vorbild für das Dorf, Neuglobsow, war wegen seiner Glashütten bekannt. Bis etwa 1900 wurde hier grünes Gebrauchsglas hergestellt. Ein kleines Museum erinnert an das alte Handwerk.

Der Große Stechlinsee ist von Geheimnissen und übernatürlichen Erscheinungen umwittert. Fontane hörte den Einheimischen genau zu, wenn sie sich über die Absonderlichkeiten des Gewässers ausließen. Auch über den Riesenhahn. »Als das Lissaboner Erdbeben war, waren hier Strudel und Trichter, und stäubende Wasserhosen tanzten zwischen den Ufern hin. Er geht 400 Fuß tief, und an mehr als einer Stelle findet das Senkblei keinen Grund. Und Launen hat er, und man muss ihn ausstudieren wie eine Frau. Dies kann er leiden und jenes nicht, und mitunter liegt das, was ihm schmeichelt, und das, was ihn ärgert, keine Handbreit auseinander. Die Fischer ... kennen ihn am besten. Hier dürfen sie das Netz ziehen, und an seiner Oberfläche bleibt alles klar und heiter, aber zehn Schritte weiter will er's nicht haben ..., und sein Antlitz runzelt und verdunkelt sich, und ein Murren klingt herauf. Dann ist es Zeit, ihn zu meiden und das Ufer aufzusuchen. Ist aber ein Waghals im Boot, der's ertrotzen will, so gibt's ein Unglück, und der Hahn steigt herauf, rot und zornig, der Hahn, der unten auf dem Grunde des Stechlin sitzt, und schlägt den See mit seinen Flügeln, bis er schäumt und wogt, und greift das Boot an und kreischt und kräht, dass es die ganze Menzer Forst durchhallt von Dagow bis Roofen und bis Alt-Globsow hin. «

ﬡ

Oranienburg

Gebaut von der besten und frömmsten Mutter

»... wir halten auf einem großstädtisch angelegten Platz, über dem sich eben der prächtigste Regenbogen wölbt. Das ist der Schlossplatz von Oranienburg. Das Wetter klärt sich auf; die Sonne ist da. [...] Die Luft ist warm und weich und lädt uns ein, unsern Nachmittagskaffee im Freien zu nehmen. [...] Wir haben die Front des Schlosses in aller Klarheit vor uns, aber doch ist es nur die kleinere Hälfte, deren wir von unserem Platz aus ansichtig werden. Die Form des Oranienburger Schlosses in seiner Blütezeit war die eines lateinischen H, oder mit anderen Worten, es bestand aus einem Haupt- oder Mittelstück (corps [sic!] de logis), an das sich zwei Vorder- und zwei Hinterflügel lehnten. Die beiden Hinterflügel existieren noch, entziehen sich aber unserem Blick; von den Vorderflügeln wurde der eine (der rechts gelegene) durch Feuer zerstört.

Schloss Oranienburg, wenn wir diese Bezeichnung zunächst unterschiedslos und mit einer Art rückwirkender Kraft festhalten wollen, ist ein alter Schloss- und Burgbau, der sich an derselben Stelle, d. h. also auf der kleinen vor uns gelegenen Havelinsel, seit nahe an 700 Jahren erhebt. Wir haben hier, wie bei verschiedenen andern hohenzollernschen Schlössern, drei Epochen zu unterscheiden, drei Epochen, die sich in aller Kürze durch drei bestimmte Worte bezeichnen lassen: Burg, Jagdhaus, Schloss. «

Theodor Fontane besuchte das Städtchen an der oberen Havel vermutlich am 29. Mai 1861. Bekannt sind auch die Namen seiner Begleiter, mit denen er den Nachmittagskaffee einnahm. Es sind die beiden Berliner Verleger Adolf Enslin und Wilhelm Hertz, die den Schriftsteller auf der einwöchigen Tour durch das Ruppiner Land begleiteten.

Ein Café gibt es nach wie vor vis-à-vis vom Schloss. Fontanes Begeisterung für die älteste barocke Schlossanlage der Mark Brandenburg hielt sich in Grenzen, die seiner Freunde nicht minder. So muss man wohl den Vierzeiler verstehen, den der Schriftsteller den Oranienburg-Kapiteln voranstellte:

>>Noch ragt der Bau, doch auf den breiten Treppen
Kein Leben mehr, kein Rauschen seidner Schleppen,
Die alten Mauern stehen öd und leer,
's sind noch die alten und – sie sind's nicht mehr.<<

Das Lustschloss auf der Havelinsel hatte seinen
Glanz verloren. Nichts mehr mit rauschenden
Festen oder prunkvollen Hofjagden. 1860 war hier
ein Lehrerseminar eingezogen. Das war immerhin
besser als die >>industrielle Epoche<<. Nachdem
das königliche Hofmarschall-Amt den Gebäude-
komplex für 12.000 Taler an privat verkauft hatte,
wurden Webstühle aufgestellt. Dann entstand eine
Schwefelsäure-Fabrik, die bald auch andere Che-
mikalien produzierte. Später kamen Kerzen dazu.
Im 20. Jahrhundert schlug das Herz des Schlosses
eher militärisch. Polizei- und SS-Kaserne, Kom-
mandantur der Roten Armee, am Ende der DDR
Stabsgebäude eines Grenzausbildungsregimentes.
Inzwischen amtiert hier das Landratsamt. Ein Teil
wird als Heimatmuseum genutzt.

Auf einem Granitsockel vor dem Schloss wirft
sich jene Frau in Pose, die gewissermaßen die Entwicklung der Stadt auf den Weg gebracht hat – Kurfürstin Luise Henriette, eine Prinzessin aus dem

Hause Oranien. Wenn es stimmt, was die Über-
lieferungen erzählen, soll sie bei einem Jagdausflug
den Reiz des Landstrichs für sich entdeckt haben.
Die Gegend erinnerte sie wohl an ihre niederländi-
sche Heimat. Am 27. September 1650 überschrieb
der Große Kurfürst seiner Gattin das Amt Bötzow,
wie damals Oranienburg hieß. Samt umliegenden
Dörfern, Mühlen und vielen Seen. Im Auftrag
der Fürstin errichtete Johann Gregor Memhardt,
der seine Ausbildung in Holland erhalten hatte,
einen Landsitz nach niederländischem Vorbild.
Der Architekt zeichnete auch verantwortlich für
den barocken Schlossgarten. Dort wurde sogar Ge-
müse angebaut. Die Kurfürstin war es, die als erste
Kartoffeln und Blumenkohl ins Märkische kommen ließ. Das eindrucksvolle Eingangsportal ist
allerdings 40 Jahre jünger, es entstand auf Weisung
ihres Sohnes Friedrich, des späteren ersten Königs
aus dem Hause Hohenzollern. Die Inschrift am
Schloss geht ebenfalls auf sein Konto. Die deutsche
Übersetzung will in etwa sagen: »Dies von der besten Mutter, der Prinzessin von Oranien, Louise,
gebaute und durch den Namen ihres Geschlechts
ausgezeichnete Schloss hat der Kurfürst Fried-

rich III. zum Gedächtnis der frömmsten Mutter erweitert und geschmückt im Jahre 1690.«

Der Spruch macht durchaus Sinn. Friedrich fühlte sich ständig verfolgt von seiner späteren Stiefmutter und unterstellte ihr sogar Mordpläne.

Der Park wurde immer wieder umgestaltet, im ausgehenden 19. Jahrhundert in einen Landschaftspark. Gut getan hat Schloss und Garten die Landesgartenschau 2009. Vieles wurde restauriert oder überhaupt erst zugänglich gemacht.

Fontane schreibt voller Melancholie: »Der Ball der untergehenden Sonne hängt am Horizont, leise Schleier liegen über dem Park und die Abendkühle weht vom Fluss und den Wiesen her zu uns herüber. Wir sitzen wieder auf der Treppe des Gasthofs und blicken durch die Umrahmung der Bäume in das Bild abendlichen Friedens hinein.«

Paretz bei Potsdam

Schloss Still-im-Land

»Paretz selbst verbirgt sich bis zuletzt. Nun endlich wird der Weg ein aufgeschütteter Damm, an die Stelle der Obstbäume, die uns bisher begleiteten, treten hohe Pappeln ... über eine zierliche Brücke hinweg, die den Namen ›Infantenbrücke‹ trägt, beschreiten wir die Dorfstraße. Diese führt mitten durch den Park, macht eine Biegung, verbreitert sich, und – wir sind am Ziel: links das Schloss, ein langgestreckter, schmuckloser Parterre-Bau mit aufgesetztem niedrigem Stock, rechts eine Gruppe alter Eichen, und ihnen zur Seite die gotische Kirche des Dorfs. Über die Straße hin grüßen sich beide, in ihrer Erscheinung und in ihrem Eindruck so verschieden wie die Zeiten, denen sie angehören.«

Fontane hat es nicht nur einmal in den kleinen Ort westlich von Potsdam gezogen, zum ersten Mal im Frühjahr 1861. Mehrmals mietete er sich beim Hofgärtner Wilken ein. Das Hohenzollern-Schloss und dessen hochadliger Bauherr führten den reisenden Schriftsteller in diesen eher abgelegenen Teil des

Havellandes. Das Schloss, eine frühklassizistische Anlage, ist eine Arbeit des Berliner Architekten David Gilly. Der Kronprinz, der spätere König Friedrich Wilhelm III., hatte ihm eindeutige Grenzen gesetzt und ihm einen ländlichen Stil anempfohlen oder besser gesagt auferlegt. »Nur immer denken, dass Sie für einen armen Gutsherrn bauen«, zitiert Fontane den Fürsten. Das Dorf und das alte Schloss hatten den Kronprinzen 85.000 Taler gekostet. Seit 1797 verbrachte der Fürst gemeinsam mit seiner Angetrauten Luise von Mecklenburg-Strelitz jedes Jahr im Sommer sechs bis neun Wochen in dem äußerlich recht schlichten Gebäude. Fontane war nicht sehr begeistert davon: »So war ein Sommerschloss gewonnen, anmutig, hell, geräumig; aber in allem Übrigen von einer Ausschmückung, die heutzutage kaum noch den Ansprüchen eines Torf-Lords [Unternehmer, die sich durch Torfabbau und Tongruben ein Vermögen verdienten – d. A.] genügen würde. 1797 erfolgte die Renovierung der Kirche, drei Jahre später der Neubau des Dorfes, wobei zugleich festgesetzt wurde, dass die im Giebel jedes Hauses befindliche Stube jederzeit für die königliche Dienerschaft, ebenso ein auf jedem Gehöft erbauter

Pferdestall für die herrschaftlichen Pferde reserviert bleiben müsse. Seit 1797 war der Kronprinz König.

In diesem also umgeschaffenen Paretz, das bei Freunden und Eingeweihten alsbald den schönen Namen ›Schloss Still-im-Land‹ empfing, erblühten dem Königspaare Tage glücklichsten Familienlebens. Die Familie und die Stille waren der Zauber von Paretz.«

Einige der Bauernhäuser gibt es noch immer. Aus der einstigen Dorfschmiede, bekannt unter dem Namen »Gotisches Haus«, wurde ein Gasthaus. Zum Zauber von Paretz hat wohl auch der Schlosspark beigetragen. Eine Parkanlage, die nicht aus dem »Planungsbüro Lenné« stammte. Es war der Hofgärtner David Garmatter, der erfolgreich Natur mit Kunst verband. »Wohl angebrachte Durchblicke ließen die landschaftliche Fernsicht frei über die üppigen Havelwiesen und Seen nach den bewaldeten Höhen von Phöben und Töplitz. An einer anderen Stelle schweifte der Blick nach dem romantisch gelegenen Uetz, bis weiter hinaus zu den Höhen von Potsdam. Von anderen Standpunkten aus blickte man über die sich schlängelnde Havel nach der Stadt Werder ...«

Das letzte Mal verbrachte das Königspaar 1805 mehrere Sommerwochen in Paretz. 1806 flüchtete die Familie vor den Truppen Napoleons nach Ostpreußen. Erst drei Jahre später kehrte der Hof nach Berlin zurück. Am 20. Mai 1810 kam Luise noch einmal für einen Tag nach Paretz. Am 19. Juli starb die Königin, auf Schloss Hohenzieritz in Mecklenburg. Sie wurde nur 34 Jahre alt.

Nach jahrelanger Renovierung präsentiert sich heute das Schloss als Museum. Es demonstriert mit originalen Tapeten und zeitgenössischen Möbeln die Ansprüche des brandenburgischen Adels an Innenarchitektur und Raumkunst um 1800. In der einstigen Remise befindet sich eine Ausstellung von Kutschen, Schlitten und Sänften aus Hohenzollern-Besitz. Es überrascht, aber Theodor Fontane schlägt tatsächlich seinen Lesern vor, zu Fuß nach Paretz zu pilgern: »Von Uetz nach Paretz ist [es] noch eine gute halbe Meile [etwa drei Kilometer – d. A.]. An einem Sommernachmittag ein entzückender Spaziergang. Der Weg führt durch Wiesen rechts und links; der Heuduft dringt von den Feldern herüber und vor uns ein dünner, sonnendurchleuchteter Nebel zeigt die Stelle, wo die breite, buchten- und seenreiche Havel fließt.«

Das Erbe von Schinkel und Lenné

»Die etwas unregelmäßig über einen Hügelrücken sich hinziehende Dorfstraße folgt im Wesentlichen dem Schwielow-Ufer; zwischen Dorf und See aber ist ein ziemlich breites, schräg abfallendes Stück Land verblieben, in das Schloss und Park sich teilen.

Das Schloss, in seiner gegenwärtigen Gestalt, wurde nach einem Schinkelschen Plane ausgeführt. Es zeigt eine Mischung von italienischem Kastell- und englischem Tudorstil, denen beiden die gotische Grundlage gemeinsam ist. Der Bau, wie er sich unter Efeu und Linden darstellt, wirkt pittoresk genug, ohne dass er im Übrigen besonders zu loben wäre.«

Fontane kam 1867 nach Petzow. In ein Dorf, ein Dutzend Kilometer von Potsdam entfernt. Der Ort liegt am Schwielow, einem malerischen Havelsee. Wahrscheinlich folgte der Schriftsteller einer Einladung der Familie von Kaehne, die damals in Petzow und Umgebung das Sagen hatte. Die Großgrundbesitzer waren ein knappes Vierteljahrhundert vorher in den Adelsstand erhoben worden. Die einstige Bauernfamilie war so vermögend geworden, dass sie sich ein attraktives Herrenhaus leisten konnte. Ordentlich Geld aber hatten die Kaehnes mit ihren Ziegeleien verdient, ihre Hauptabnehmer waren Baubetriebe in der preußischen Hauptstadt.

»Berlin ist aus dem Kahn gebaut« hieß es im 19. Jahrhundert. Gemeint waren die Boote, die Ziegel aus dem Umland heranschipperten. Solche Lastkähne sind auch auf dem Familienwappen der Adelsfamilie zu sehen. Festgehalten auf einer knapp drei Meter hohen Stele, die vor einigen Jahren im Park gefunden wurde. Wahrscheinlich war sie nach dem Zweiten Weltkrieg vom Sockel gestürzt und vergraben worden.

Die Kaehnes waren in Berlin nicht unbekannt. Einer aus der Familie legte nämlich das Recht auf Eigentum auf ungewöhnliche Art aus. Wenn Spaziergänger unangemeldet das Anwesen betraten, mussten sie mit einer Ladung Schrot rechnen. Ein Gassenhauer warnte vor einem »Herrn von Kaehne, der Wanderern schießt in die Beene«. Heute ist das einstige Herrenhaus eine private Wohnanlage.

Fremde werden noch immer mit Misstrauen beobachtet.

Petzow zog mehrfach die Leute vom Film an. Hier entstanden Szenen für die erste deutsche Telenovela, *Bianca – Wege zum Glück*. Gedreht wurde im Schlosspark auch für den Märchenfilm *Jorinde und Joringel*.

Der 13 Hektar große Park gilt als eine besonders gelungene Arbeit des Garten-Architekten Lenné. Eine Büste erinnert an den geistigen Vater des Landschaftsparks.

»An einem Hügelabhang gelegen wie Sanssouci, hat er mit diesem den Terrassencharakter gemein. In großen Stufen geht es abwärts. Wenn aber Sanssouci bei all seiner Schönheit einfach eine große Wald-Terrasse mit Garten und Wiesengründen bietet, so erblickt man von dem Hügelrücken des Petzower Parkes aus eine imposante Wasser-Terrasse, und unser Auge, zunächst ausruhend auf dem in Mittelhöhe gelegenen, erlenumstandenen Park-See, steigt nunmehr erst, weiter abwärts, auf die unterste Treppenstufe nieder – auf die breite Wasserfläche des Schwielow.«

In den letzten Jahren ist in Petzow ein ganz besonderer Garten entstanden. Darin dreht sich alles um den Sanddorn. Ob Küche oder Kosmetik, die Verwendung der Beeren verblüfft.

Neben dem Gutshaus und dem Park ist die Kirche ein ausgesprochener Blickfang. Um 1840 erbaut, hat man von dem einstigen Gotteshaus aus einen atemberaubenden Blick auf die Havel. Seit den 1990er Jahren wird es als Konzerthalle und Standesamt genutzt, Hausherr ist der Landkreis. Selbst wer nur laienhafte Architektur-Kenntnisse besitzt, erkennt an der Kirche schnell die Handschrift eines berühmten Baumeisters. Das Gebäude wird keinem Geringeren als Friedrich Schinkel zugeschrieben. Wie Theodor Fontane in Neuruppin geboren, hat er zumindest in die Baupläne korrigierend eingegriffen. Es ist auch die Rede davon, dass König Friedrich Wilhelm IV., damals noch Kronprinz, Einfluss auf die Gestaltung nahm. Jedenfalls nahm der Hohenzollern-Fürst an der Einweihung teil. Ob als Patronatsherr von Petzow oder als »Bauschaffender« ist nicht überliefert.

Fontane bedauerte in Petzow einmal mehr die Geschichtslosigkeit neu erbauter Gotteshäuser, kann sich aber dem Reiz des Modernen nicht gänzlich entziehen. Und am Ende ist der »Wanderer durch die Mark« einfach von der Havellandschaft begeistert: »So entstehen denn entzauberte Kirchen, die helle Fenster und gute Plätze haben, die aber den Sinn kalt lassen, weil mit der Vergangenheit gebrochen wurde. Ein ›gefälliger Punkt in der Landschaft‹ ist gewonnen, eine vielversprechende Schale, aber in den meisten Fällen eine Schale ohne Kern.

Zu diesen in historischer Beziehung ›tauben Nüssen‹ gehört auch die Petzower Kirche. Aber so leer und kahl sie ist, und so verstimmend diese Kahlheit wirkt, so gewiss ist es doch auch, dass man im Hinaustreten auf das Flachdach des Turmes diese Verstimmung plötzlich und wie auf Zauberschlag von sich abfallen fühlt. Sie geht unter in dem Panorama, das sich hier bietet. [...] Die Havel und der Schwielow, durch Landzungen und Verschiebungen in zahlreiche blaue Flächen zerschnitten, tauchen in Nähe und Ferne auf, und dehnen sich bis an den Horizont, wo sie mit dem Blau des Himmels zusammenfließen.«

Potsdam

Die »letzte Reise« führt nach Bornstedt

»Bornstedt und seine Feldmark bilden die Rückwand von Sanssouci. Beiden gemeinsam ist der Höhenzug, der zugleich sie trennt ... Am Südabhange dieses Höhenzuges entstanden die Terrassen von Sanssouci; am Nordabhange liegt Bornstedt. Die neuen Orangeriehäuser, die auf dem Kamme des Hügels in langer Linie sich ausdehnen, gestatten einen Überblick über beide, hier über die Baum- und Villenpracht der königlichen Gärten, dort über die rohrgedeckten Hütten des märkischen Dorfes; links steigt der Springbrunnen auf und glitzert siebenfarbig in der Sonne, rechts liegt ein See im Schilfgürtel und spiegelt das darüber hinziehende weiße Gewölk.«

Vieles hat sich verändert, seit Theodor Fontane seinen Abstecher nach Bornstedt unternahm. Das war 1869 oder 1870. Inzwischen gehört das Dörfchen längst zu Landeshauptstadt und ist per Bus oder Straßenbahn problemlos zu erreichen. Die romantischen Häuser samt der Schilddächer sind verschwunden und von ländlicher Stille ist an manchen Tagen nichts etwas zu ahnen. Die Parkplatzsuche kann zum Problem werden, Reisebusse spucken Touristen aus allen Himmelsrichtungen aus. Ihr Ziel ist das Krongut, heute eine Gastronomie-Oase. Weshalb Fontane auf einen Besuch verzichtet hat oder sich nicht der Mühe unterzog, das Anwesen zu beschreiben, lässt sich nach 150 Jahren nicht mehr erschließen. Möglicherweise haben ihn die hochadligen Bewohner davon abgehalten. In dem kleinen Schloss wohnten damals Kronprinz Friedrich Wilhelm und seine Ehefrau Victoria. Die Idee für die ungewöhnliche Architektur soll von König Friedrich Wilhelm IV. stammen. Wahrscheinlich geisterte der Entwurf seit einer Italienreise in seinem Kopf herum. Johann Heinrich Haeberlin musste die Baupläne erstellen. Der König hatte auch die Idee für die Kirche. Diesmal musste Friedrich August Stüler die Vorstellungen des kunstsinnigen Monarchen umsetzen. Der freistehende Turm wurde erst später errichtet.

»Die Bornstedter Basilika samt Säulengang und Etagenturm ist ein Schmuck des Dorfes und der

Landschaft; aber was doch weit über die Kirche hinausgeht, das ist ihr Kirchhof, dem sich an Zahl berühmter Gräber vielleicht kein anderer Dorfkirchhof vergleichen kann. Wir haben viele Dorfkirchhöfe gesehen, die um ihres landschaftlichen oder überhaupt ihres poetischen Zaubers willen einen viel tieferen Eindruck auf uns gemacht haben; wir haben andere besucht, die historisch den Bornstedter Kirchhof insoweit in Schatten stellen, als sie ein Grab haben, das mehr wiegt als alle Bornstedter Gräber zusammengenommen; aber wir sind nirgends einem Dorfkirchhof begegnet, der solche Fülle von Namen aufzuweisen hätte.

... was in Sanssouci stirbt, das wird in Bornstedt begraben, – in den meisten Fällen königliche Diener aller Grade, näher und ferner stehende, solche, deren Dienst sie entweder direkt an Sanssouci band, oder solche, denen eine besondere Auszeichnung es gestattete, ein zurückliegendes Leben voll Tätigkeit an dieser Stätte voll Ruhe beschließen zu dürfen. [...] Generale und Offiziere, Kammerherren und Kammerdiener, Geheime Räte und Geheime Kämmeriere, Hofärzte und Hofbaumeister, vor allem – Hofgärtner in Bataillonen. «

Mit den Gärtnern meint Theodor Fontane vor allem die Familie Sello. Eine ganze Dynastie von Gartenarchitekten und Landschaftsgestaltern hat das Geschlecht hervorgebracht. So ist der Name Ludwig Sello eng mit den Parkanlagen von Sanssouci verbunden. Sohn Hermann zeichnete verantwortlich für den Park um das Potsdamer Schloss Charlottenhof. Dort hat Sello gemeinsam mit dem General-Gartendirektor Peter Joseph Lenné ein neues Kapitel deutscher Landschaftsarchitektur aufgeschlagen. Die beiden verbanden italienische Vorbilder und englische Landschaftspark-Modelle mit dem bereits vorhandenen Park aus Zeiten Friedrichs des Großen. Lenné, gebürtiger Rheinländer, brachte auch das Mammutprojekt einer Gesamtplanung für die Landschaft um Berlin und Potsdam auf den Weg. Für einen Landstrich, der von Werder bis zur Berliner Pfaueninsel reicht. Seit 1990 steht die Region als Weltkulturerbe unter UNESCO-Schutz. Lenné wurde in Bornstedt bestattet, ebenso die Architekten Ludwig und Reinhold Persius. Mit Wilhelm Karl Prinz von Preußen, dem Enkel des letzten Kaisers, fand 2007 auch ein Hohenzollern-Fürst hier seine letzte Ruhestätte.

Zwei Tote müssen Theodor Fontane ganz besonders interessiert haben – der Maler Samuel Rösel,
dem der Brandenburg-Reisende ein eigenes Kapitel
widmete, und der 1731 verstorbene Präsident der
Preußischen Akademie der Wissenschaften von
Gundling. Dieser begabte, allerdings schwer al-
koholkranke Historiker, diente »Soldatenkönig«
Friedrich Wilhelm I. und dessen berüchtigtem »Ta-
bakskollegium« als Zielscheibe übelster Scherze.
Selbst nach seinem Tod hörten die Demütigungen
nicht auf.

»Es ist dies das Grabdenkmal des bekannten
Freiherrn Paul Jakob v. Gundling, der Witz und
Wüstheit, Wein- und Wissensdurst, niedere Ge-
sinnung und stupende Gelehrsamkeit in sich ver-
einigte, und der, in seiner Doppeleigenschaft als
Trinker und Hofnarr, in einem Weinfass begraben
wurde. [...]

Sein Leichenbegängnis war äußerst lustig und
seinem geführten Lebenswandel völlig angemes-
sen. Schon vor zehn Jahren hatte ihm der König
seinen Sarg in Form eines Weinfasses verfertigen
lassen. [...]

Ein großer, zierlich ausgehauener Leichenstein

erhielt folgende Inschrift: … wegen seiner Gelehrsamkeit bewundert, wegen seiner Redlichkeit ge-
priesen, wegen seines Umgangs geliebt und wegen
seines Todes beklagt worden.«

∾

Rauen bei Fürstenwalde

Wie ein toter Elefant

»Aus dem Dorfe Rauen fuhren wir abermals in eine
Schonung ein, zwischen deren Krüppelkiefern eine
Fahrstraße sich ängstlich hin und her schlängelte,
fast als ob jeder einzelne Baum zu schonen gewesen
wäre. Wo so wenig ist, ist auch eine Kiefer etwas.
Endlich aber passierten wir eine halb offene Stelle,
die durch mehrere hier sich kreuzende Waldwege
gebildet wurde.«

Theodor Fontane hatte das Ziel seines Ausflu-
ges erreicht und befand sich auf dem Kamm der
sogenannten Rauenschen Berge. Was sich seinen
Augen bot, enttäuschte ihn rundum. Dabei hatte
er sich auf Entdeckungen im Land Beeskow-Stor-
kow regelrecht gefreut. In einem wenig gekannten

Winkel, »der nichtsdestoweniger seine Schönheit und seine Geschichte hat. Beiden beschloss ich nachzugehen und wählte dazu die Woche vor Ostern, eine Zeit, in deren greller, oft schattenloser Beleuchtung ich die märkische Landschaft noch nicht gesehen hatte.«

Auf den Rauenschen Bergen nutzten Ende des 19. Jahrhunderts die besten Lichtverhältnisse nichts, um an den Markgrafensteinen die Narben menschlichen Fortschritts zu verdecken. Zwar konnte der Größte der Findlinge noch immer auf ein Gewicht von knapp 700 Tonnen verweisen, auch die Höhe von siebeneinhalb Metern imponierte, doch der Gesteins-Riese, den die Eiszeit aus Skandinavien nach Mitteleuropa transportierte, hatte viel von seiner einstigen Attraktivität verloren: »Und das sollte nun einer der berühmten Markgrafensteine sein, eines der sieben märkischen Weltwunder! Ich hatte mir diese Steine halb memnonsäulenartig oder doch wenigstens als ein paar von der Natur gebildete Riesen-Obelisken gedacht und sah nun etwas Zusammengekauertes daliegen, das genau den Eindruck eines toten Elefanten auf mich machte. Nun sind Elefanten ja unzweifelhaft große Tiere, wenn ihnen aber obliegt, als Berg- und Felstrümmer landschaftlich zu funktionieren, so kommt die Landschaft und kommen sie selber zu kurz.«

Die Verstümmlung der Steine ist mit den Jahren 1827/28 verbunden. Wohl auf allerhöchsten, nämlich königlichen Befehl wurde der Stein gespalten, was damals eine ingenieurtechnische Meisterleistung darstellte. Ein Teil wurde über Holzrollen zum fünf Kilometer entfernten Spreeufer gebracht. Für den Transport nach Berlin brauchte man eineinhalb Jahre. Ein weiteres Jahr benötigten Handwerker, um aus dem Stein eine riesige Schale herauszuschlagen. Die »größte Suppenschüssel der Welt« steht im Berliner Lustgarten vor dem Alten Museum.

Schon Goethe hatte vor dem Vorhaben gewarnt. Es sei nicht von geringer Bedeutung, dass uns dieser Granitfels in seiner ganz kolossalen Lage erhalten bliebe, ehe man ihn, wie es jetzt geschehe, zu obgedachten Arbeiten nutze. Doch der Geheimrat konnte sich nicht durchsetzen. Viele Findlinge wurden damals »geschreddert« und für den Bau von Chausseen verwendet. Der Fortschritt forderte seinen Tribut.

Fontane ließ sich während seines »Osterspaziergangs « per Kutsche zur sogenannten »Schönen Aussicht« bringen. Wanderer des 21. Jahrhunderts haben sich auf Schusters Rappen, also zu Fuß, nach oben zu begeben. Die halbe Stunde für einen Spaziergang vom Parkplatz erfordert keine besonderen Anstrengungen. Fontane machte seine Leser schon damals auf ein »sonderbares Granitmobiliar aufmerksam, das mich, auf den ersten Blick wenigstens, an Stonehenge erinnerte, jenen alten Druidenplatz in der Nähe von Salisbury, den man in Kunstatlassen und illustrierten Architekturgeschichten abgebildet findet. Im Quadrat standen vier Steinbänke, dazwischen präsentierte sich ein großer, runder Steintisch, alles aus dem Granitstück gefertigt, das man von dem Stein unten abgesprengt hatte.

Der Wagenplatz, auf dem ich saß, war höher als das Steinmobiliar und gönnte mir einen freieren Umblick. Alles in der Welt aber hat sein Gesetz, und wer auf der ›Schönen Aussicht‹ ist, hat nun mal die Pflicht, sich auf den Steintisch zu stellen, um von ihm aus und nur von ihm aus die Landschaft zu mustern. Und so tat ich denn wie mir geboten und genoss auch von diesem niedrigeren Standpunkt aus, eines immer noch entzückenden Rundblicks, ein weitgespanntes Panorama. Die Dürftigkeiten verschwanden, alles Hübsche drängte sich zusammen und nach Westen hin traten die Türme Berlins aus einem Nebelschleier hervor.«

❧

Rheinsberg bei Neuruppin
»Die glücklichsten Jahre meines Lebens«

»Wir kommen von dem nur 3 Meilen entfernten Ruppin und lassen uns durch die Sandwüste nicht beirren, die auf der ersten Hälfte des Weges vor uns liegt. [...] Diese Sandwüste wird hier und da durch ein Dorf aus alter, guter Zeit unterbrochen, dessen ärmliche Strohdächer ein spitzer Schindelturm überragt. Vielen fehlt auch dieser Turm.«

Fontane hatte die 30 gerade überschritten, als er 1859 der eher abgelegenen Gegend einen längeren Besuch abstattete. In Neuruppin geboren, dürfte er den Landstrich um Rheinsberg schon in seiner Kindheit gekannt haben. Auf seiner Schottland-Reise soll ihm bewusst geworden sein, welchen Schatz er mit Schloss Rheinsberg in den Händen hielt. Zuerst aber lenkte der Schriftsteller seine Schritte in den »Ratskeller«, ein Restaurant, das bis heute kurioserweise über gar keinen Keller verfügt. Dann erst ging er zum Schloss. Das hatte sich 1736 Preußens Kronprinz Friedrich bauen lassen. Damals war er ein junger Mann, als König Friedrich der Große sollte er später europäische Geschichte schreiben. In Rheinsberg, so der Monarch in seinen Erinnerungen, habe er die glücklichsten Jahre seines Lebens verbracht. Nach den Vorstellungen des kunstsinnigen Prinzen entwarfen Johann Gottfried Kemmeter und vor allem Wenzeslaus von Knobelsdorff die barocke Schlossanlage. 1744 – vier Jahre nach der Thronbesteigung – übereignete Friedrich das architektonische Kleinod seinem jüngeren Bruder Heinrich. Bis zu dessen Tod 1802 galt Rheinsberg als märkischer Musenhof.

»Unter solchem Geplauder haben wir die der Stadt zu gelegene Rückseite des Schlosses erreicht, schreiten durch das Portal hindurch, passieren den Schlosshof bis zum Rande des Sees, springen hier in ein bereitliegendes Boot und fahren, ohne uns umzublicken, bis mitten auf den Wasserspiegel hinauf. Nun machen wir kehrt und haben ein Bild von nicht gewöhnlicher Schönheit vor uns. Erst die stille Fläche des Sees, an seinem Ufer ein Kranz von Schilf und Wasserrosen; dahinter ansteigend ein grüner Gartenrasen und endlich das Schloss selbst, die Fernsicht schließend. Links dehnt sich der See in seiner ganzen Länge aus; wohin wir blicken, ein Reichtum von Wasser und Wald, die Bäume nur hier und da gelichtet, um uns irgendein Denkmal auf den stillen Grasplätzen des Parkes, eine Marmorfigur oder einen ›Tempel‹ zu zeigen.

Das Schloss war in alten Tagen ein gotischer Bau mit Turm und Giebeldach; erst zu Anfang des vorigen Jahrhunderts trat ein Schlossbau in französischem Geschmack an die Stelle der alten Gotik und nahm 30 Jahre später, unter Knobelsdorffs Anleitung, im Wesentlichen die Formen an, die es noch jetzt präsentiert. Eine Beschreibung des Schlosses versuche ich nur in allgemeinsten Zügen. Es besteht aus einem Mittelstück (Corps de logis) und zwei Seitenflügeln und gleicht in seiner Grundanlage dem Charlottenburger Schlosse auf ein Haar. [...] Mehr eine Eigentümlichkeit als eine Schönheit bilden seine zwei abgestumpften Rundtürme, die sich an die Seitenflügel anlehnen ...«

Heute befindet sich im Schloss das Kurt-Tucholsky-Museum. Der Schriftseller fand in der Kleinstadt im Ruppiner Land den Schauplatz für eine wunderschöne Liebesgeschichte. Musikakademie und Kammeroper halten auch in der Gegenwart das Andenken an den »Musenhof« lebendig. Theodor Fontane war vor allem auf den Spuren der Hohenzollern unterwegs: »Vielleicht die größte Sehenswürdigkeit Rheinsbergs ist der große Obelisk, der sich, gegenüber dem Schlosse, also am jenseitigen See-Ufer, auf einem zwischen dem Park und dem Boberow gelegenen Hügel erhebt. Er wurde zu Anfang der 90er Jahre vom Prinzen Heinrich ‚dem Andenken seines Bruders August Wilhelm‘ errichtet.«

Doch nicht allein dem Prinzen ist das Monument gewidmet, sondern den preußischen Helden des Siebenjährigen Krieges überhaupt. Insgesamt 28 Namen hat Fontane ausgemacht. Mit der Recherche über die hier Verewigten begab sich der Schriftsteller auf dünnes Eis, denn auch ein Bruder des Königs war darunter. Ihn hatte Friedrich II.

wegen vermeintlicher und wirklicher Fehler von seinem Posten als Heerführer abberufen. Eine Schmach, die der Hohenzollern-Sprössling nicht überwinden würde. Es dauerte nur einige Monate, dann starb der Verstoßene. Auch einige andere der auf dem Obelisk erwähnten Militärs hatte Friedrich II. davongejagt. Alles in allem war das Denkmal nicht gerade geeignet, das ohnehin gespannte Verhältnis zwischen den beiden Brüdern zu entkrampfen. Sie gingen sich fortan weitgehend aus dem Weg. Fontane war also gut beraten, sich der Landschafts-Beschreibung zuzuwenden, anstatt sich über die Herrscherfamilie auszulassen: »Wir sind nun in den Park getreten; er umzieht in weitem Halbkreis die links gelegene Hälfte des Sees ... Der Park ist eine glückliche Mischung von französisch-englischem Geschmack, – zum Teil planvoll dadurch entstanden, dass man die ursprünglich Le Notre'schen Anlagen durch englische Partieen [sic!] erweiterte; zum Teil unabsichtlich dadurch geworden, dass sich das zwang- und kunstvoll Gemachte wieder in die Natur hineingewachsen hat.«

Ribbeck bei Nauen

Das märkische »Birnenwunder«

»Herr von Ribbeck auf Ribbeck im Havelland,
Ein Birnbaum in seinem Garten stand,
Und kam die goldene Herbsteszeit
Und die Birnen leuchteten weit und breit,
Da stopfte, wenn's Mittag vom Turme scholl,
Der von Ribbeck sich beide Taschen voll.
Und kam in Pantinen ein Junge daher,
So rief er: ›Junge, wiste 'ne Beer?‹
Und kam ein Mädel, so rief er: ›Lütt Dirn,
Kumm man röwer, ick hebb 'ne Birn.‹ «

So beginnt eines der bekanntesten Gedichte aus
Fontanes Feder. Generationen von Schülern haben
den Dichter auf seiner in Reime gepressten Reise
durch die märkische Geschichte begleitet. Sie hatten ohne Wenn und Aber das Gedicht auswendig
zu lernen und konnten damit noch viele Jahre später
Enkel und Urenkel überraschen. Als Fontane 1889
die Verse zu Papier brachte, war er 70 Jahre alt, aus
dem jungen Journalisten war ein reifer Schriftsteller

geworden. Einer, der lange an seinen Texten feilte. Es sind die Jahre kurz vor den Romanen *Jenny Treibel* und *Effi Briest*. Wann Fontane zum ersten Mal in das heute knapp 400 Einwohner zählende Dorf kam, ist nicht überliefert. Ebenso wenig, wie und wo er diese vergnügliche Geschichte entdeckt hat. Ob bei einem Besuch im Schloss oder im Pfarrhaus, durch ein Sagenbuch des Kreises Ruppin oder bei einem Bier im Dorfgasthof.

Bei besagtem Gutsbesitzer handelt sich um Georg von Ribbeck. Er galt als besonders kinderfreundlich. Nach seinem Tod anno 1759 sollen sich unerklärliche Vorgänge ereignet haben.

>> Er fühlte sein Ende. 's war Herbsteszeit,
Wieder lachten die Birnen weit und breit;
Da sagte von Ribbeck: ›Ich scheide nun ab.
Legt mir eine Birne mit ins Grab.‹
Und drei Tage drauf, aus dem Doppeldachhaus,
Trugen von Ribbeck sie hinaus ...
Und die Kinder klagten, das Herze schwer:
›He is dod nu. Wer giwt uns nu 'ne Beer?‹ <<

Die Frage war berechtigt. Denn Ribbeck der Jüngere soll ein arger Geizhals gewesen sein. Es könnte also eine Warnung gewesen sein, die Fontane aufgriff:

> »Aber der *alte* [von Ribbeck – d. A.], vorahnend schon
>> Und voll Misstrauen gegen den eigenen Sohn,
>>> Der wusste genau, was er damals tat,
>>> Als um eine Birn' ins Grab er bat,
>> Und im dritten Jahr aus dem stillen Haus
>> Ein Birnbaumsprössling sprosst heraus.«

Ein Birnbaum vor einer märkischen Dorfkirche hat unbestritten Seltenheitswert. Bis heute sind es Tausende, die jedes Jahr ins Havelland kommen und das »Märkische Birnenwunder« in Augenschein nehmen. Gut zu wissen: Der bestaunte Birnbaum verkörpert schon die dritte Generation. Den ersten riss 1911 ein Sturm weg. Auch der zweite hatte nicht das ewige Leben. Nummer drei wurde 2000 gepflanzt.

Auch das »Doppeldachhaus« aus dem Gedicht musste einem Nachfolger weichen. Fontane hat das eingeschossige Landhaus mit einem Krüppelwalmdach noch gesehen. 1895 bezogen die Ribbecks das neobarocke Gebäude. Heute ist der Landkreis Eigentümer. In dem aufwendig sanierten Gebäude sind ein Fontane-Museum und ein Standesamt untergebracht, ein Restaurant empfängt Gäste. Durch die Bodenreform aus dem Dorf vertrieben, sind die von Ribbecks in den 1990er Jahren zurückgekehrt. Ein kleiner Familienfriedhof erinnert an das uralte Adelsgeschlecht. Auch an Hans Georg Karl Anton. Der konservative Widerstandskämpfer starb in einem nationalsozialistischen Konzentrationslager. Er galt als glühender Monarchist und hasste Hitlers sogenanntes Tausendjähriges Reich aus tiefstem Herzen. Einen ganzen Gestapo-Ordner füllten seine Vergehen gegen das Regime. Als von Ribbeck 1944 mit einer Reitpeitsche gegen deutsche Flak-Soldaten vorging, die auf die Besatzung eines notgelandeten britischen Bombers Jagd machten, wurde er verhaftet. Sein letztes Lebenszeichen stammt vom 15. Januar 1945 – aus dem KZ Sachsenhausen.

Zurück zu den Birnen. Inzwischen gibt es zwei Birnengärten, die öffentlich zugänglich sind. Und Anfang Oktober erinnert ein Birnenfest an den kinderlieben Gutsbesitzer aus dem 18. Jahrhundert.

»So spendet Segen noch immer die Hand
Des von Ribbeck zu Ribbeck im Havelland.«

Słońsk/Sonnenburg bei Küstrin

Halb Jahrmarkt, halb Ordensfest

»Tausende, namentlich Landleute aus dem benachbarten Warthe- und Oderbruch, waren in die alte Ordensstadt gekommen, um den Feierlichkeiten beizuwohnen oder doch von dem Festzug (aus dem Herrenmeisterschloss) so viel wie möglich sehen zu können. Sonnenburg selbst hatte sein Bestes getan, Eichenlaubgirlanden zogen sich über die Straßen hin und an den Häusern entlang und das achtspitzige Johanniterkreuz hing in einem Eichenkranz an jeder Haustür.«

Am 24. Juni 1862, am Johannistag, hat Theodor Fontane dem winzigen Städtchen in der heute polnischen Neumark seine Referenz erwiesen. Noch am gleichen Abend schrieb er einen Entwurf für einen Artikel nieder. Schon der Weg von Küstrin nach Sonnenburg muss ein eindrückliches Naturerlebnis gewesen sein. Bis zum Horizont breiteten sich nach den Überschwemmungen im späten Frühjahr und im Frühsommer riesige Wasserflächen aus, bevölkert von unzähligen Wasservögeln.

Weiße Punkte unterschiedlicher Größe vor einem blau-grauen Hintergrund. Ein beliebtes Jagdgebiet für Störche. In vielen Dörfern gehören bis heute die Nester von Meister Adebar zum Straßenbild. In Sonnenburg zieht ein Storchenpaar seine Jungen auf einer Straßenleuchte unmittelbar neben der Kirche auf. Die Region gehört zum Nationalpark Warthe-Mündung. Über die 8000 Hektar geschützten Boden hat der polnische Staat das Sagen.

Das war zu Fontanes Zeiten verständlicherweise völlig anders. Sonnenburg mit seinen 4000 Einwohnern galt als ein wichtiges Zentrum – oder vielleicht sogar als das wichtigste Zentrum – des deutschen Johanniter-Ordens. Hier verbanden sich mittelalterlich-christliche Traditionen mit der evangelischen Kirche und dem Herrscherhaus Hohenzollern. An jenem Johannistag wird es wohl Prinz Friedrich Carl Alexander von Preußen gewesen sein, der den erwähnten Festzug anführte.

Der Hochadlige stand seit 1853 als Herrenmeister an der Spitze des Ordens. Auch heute lenkt ein Preußen-Prinz die Geschicke – Oskar Prinz von Preußen. Bis 1948 konnten nur Adlige in den illustren Orden aufgenommen werden. Immerhin stammt jetzt ein Drittel der 4000 Rechts- und Ehrenritter aus bürgerlichen Kreisen. Verdienste haben sich der Orden und seine Stiftung im Gesundheitswesen erworben, bei der Johanniter-Unfallhilfe, bei der Altenpflege und mit Krankenhäusern.

Nach dem Dreißigjährigen Krieg ließ Herrenmeister Johann Moritz von Nassau-Siegen das Sonnenburger Schloss bauen. Es wurde zum geistigen und wirtschaftlichen Mittelpunkt der Johanniter. Zu dieser Zeit konnte der Orden auf ein halbes Jahrtausend Geschichte zurückblicken. Nach der Eroberung Jerusalems durch die Kreuzritter bildete sich dort am Hospital des Heiligen Johannes eine Brüderschaft. Bedingt durch den Verlust Palästinas übersiedelte der Orden zunächst nach Rhodos, dann nach Malta. In Deutschland und vor allem in Brandenburg besaßen die Ordensleute umfangreichen Besitz. Nach der Reformation spaltete sich die Hospitalbruderschaft in einen katholischen Zweig – die Malteser – und in einen protestantischen Zweig – die Johanniter. Zum Neubau des Schlosses holte 1661 von Nassau-Siegen, ein enger Vertrauter des Großen Kurfürsten, holländische

Bauleute in die Neumark. Theodor Fontane fand die Architektur allerdings recht schlicht. »Das Schloss, ein einfacher Corps de Logis, erinnert an das Köpenicker Schloss, ist aber viel schmuckloser, ja hat von allem Schmuck so wenig, dass es den Eindruck von Kahlheit macht«.

Mitte der 1970er Jahre brannte das Schloss völlig nieder. Die Ursache blieb bis heute ungeklärt Die Ruine verfällt zusehends, Bäume versperren den Blick.

»Die Kirche überraschte mich. Ich glaubte, einem ganz modernen Bau zu begegnen: der Turm, die nüchternen Weißglasfenster, und die gelbe Tünche (zu der sich selbst Schinkel, in mir unerklärlicher Weise in Kirchenbauten gelegentlich hat verleiten lassen) sprechen dafür. Im Innern aber wurde ich durch schwere alte Pfeiler und eine gotisch gewölbte Decke überrascht.« Mit dem Hinweis auf Karl Friedrich Schinkel lag Fontane ganz falsch. Der Plan für den Wiederaufbau nach einem Dachstuhl-Brand landete auf dessen Schreibtisch. Als Mitglied der Oberbaudeputation nutzte Schinkel lediglich die Gelegenheit, um die Entwürfe zu überarbeiten.

In den vergangenen Jahrzehnten wurde viel Geld in die Hand genommen, um die Kirche zu restaurieren. Die Mittel kamen sowohl von deutscher als auch von polnischer Seite.

Sehenswert ist das Gemeindezentrum gleich neben der Stadt- und Ordenskirche. Wer bis dato nicht wusste, dass die Gemeinde dem katholischen Glaubensbekenntnis angehört, der wird durch eine überlebensgroße Figur aufgeklärt. Der 2005 verstorbene Johannes Paul II. lässt keinen Zweifel aufkommen: Polen ist (war) Papst!

An jenem Junitag 1862 verliefen die Feierlichkeiten nach Auffassung Fontanes in der »bekannten schönen und altherkömmlichen Weise. Anstoß habe ich, um offen zu sein, nur an den Lokalitäten genommen ... Ein Orden, zu dem so viele unserer Besten sich bekennen, bedarf eines glanzvolleren Hauses ... Kann man aber nicht über eine glanzvollere historische Lokalität verfügen, so bedarf es, wenn Übereinstimmung herrschen soll, des Glanzes und der Schönheit.«

Der Reisende erlebte »halb Einholung, halb Jahrmarkt; halb Ordensfest, halb Volksfest ... Ein Glück, ein Vorzug; ein Fest kann nicht leicht zu viel von Volkszutat haben, und die wiedererstandene Ballei Brandenburg hat es sicherlich als ein gutes Zeichen anzusehen, dass das Volk, wenn zunächst auch nur an der Szenerie, am Schauspiel Interesse nimmt.«

Schon gegen 14 Uhr verließ Fontane das Fest und kehrte nach Küstrin zurück. Rund zwölf Kilometer – überraschenderweise zu Fuß.

※

Dąbroszyn/Tamsel in der Neumark

Die große Liebe des jungen Fritz

»Tamsel ist ein reiches, schön gelegenes Dorf, etwa eine Wegstunde östlich von der alten Festung Küstrin. Waldhügel, deren gewundene Linien mutmaßlich das alte Bett der Warthe bezeichnen, schließen das Dorf von Norden her ein, während nach Süden hin die Landschaft offen liegt und die Flussarme in allerlei Windungen sich durch das Bruchland ziehen.«

Mindestens zwei Mal hat Theodor Fontane dem Ort einen Besuch abgestattet – 1860 und 1862. Und auch heute ist die Bruchlandschaft mit ihren vielen Flussarmen und unzähligen Wasservögeln allemal eine Stippvisite wert. Nicht von ungefähr haben unsere polnischen Nachbarn die Region als Nationalpark unter Schutz gestellt.

Möglicherweise hätte Fontane Tamsel gar nicht beachtet, wenn sich hier nicht ein ungewöhnliches Stück Hohenzollern-Geschichte ereignet hätte. Zur Erinnerung: Auf der Festung Küstrin musste Kronprinz Friedrich zwei Jahre als Gefangener seines Vaters verbringen. Nicht in einem dunklen Verließ, er lebte vielmehr in einer Wohnung in der Berliner Straße und konnte sich frei in der Stadt bewegen. Der gegen ihn erhobene Vorwurf lautete: Fahnenflucht. Seinen Freund und Vertrauten Hans Hermann von Katte hatte es als Mittäter schlimmer getroffen. Vor den Augen des Thronfolgers wurde der junge Offizier hingerichtet. Fritz hatte indes in Küstrin zu bleiben und sich in die Verwaltungswissenschaft einzuarbeiten.

In der Folgezeit lockerte der Vater die Haftbedingungen und erlaubte Fritz kurze Ausflüge. So lernte er bei einer Entenjagd, einem Freizeit-Vergnügen, dem der Prinz bislang nichts abgewinnen konnte, Luise Eleonore von Wreech kennen. Sie war die Ehefrau eines Generals und Erbin von Schloss Tamsel. Knall und Fall verliebte sich Fritz in die 25-Jährige, Mutter von fünf Kindern. Sehr schön sei sie gewesen, schrieb Graf von der Schulenburg. Ihr »Rosen-und-Lilien-Teint« habe es ihm besonders angetan. Wie innig das Verhältnis zwischen dem schwärmerischen Kronprinzen von 19 Jahren und der schon gereiften Frau tatsächlich war, ist nirgendwo festgehalten. Es dürfte kaum die Grenzen der Etikette verletzt haben. Übrigens hat Fontane einen Teil des Briefwechsels gefunden. Geschrieben auf Französisch, gesetzt in Versform. Aus heutiger Sicht ein eher schwülstiger Stil, wie er im Barock in gebildeten Kreisen gang und gäbe war. Vielfältig deutbar ist, was Friedrich der Post anvertraut:

> »Als mein Gesandter soll mein Bild dich grüßen,
> Und des Gesandten Dolmetsch sei dies Lied,
> Was ich zu sagen Dir bisher vermied,
> Ich sag' es nun: Ich liege Dir zu Füßen.
> Ich trage Fesseln, aber jene süßen,
> Von denen nie ein Herz freiwillig schied –
> Mit jedem Ringe, jedem neuen Glied
> Wächst nur die Lust zu tragen und zu büßen.«

Und auch Antworten von Eleonore fügt Fontane
bei.

»Welch' Wunder trug sich zu? Was ist's, das sich begab?
Es steigt ein Königssohn, ein Prinz zu mir herab,
Besingt in Liedern mich und fordert mich zum Streit;
Antworten seinem Lied wär' wie Verwegenheit [...]
Du gabst mehr Ehre mir, als je mein Herz erfuhr,
Und all' mein Sein ist Dank und stille Huldgung nur.«

Im Winter 1732 verließ Friedrich Küstrin, mit seinem Vater hatte er sich weitgehend ausgesöhnt.
Er übernahm in Neuruppin den Befehl über ein
Regiment. Sein letzter Brief an Eleonore stammt
vom 20. Februar. Wie sein persönlicher Abschied
ausgesehen haben könnte, ist nicht überliefert.

28 Jahre später kam Friedrich erneut nach Tamsel. Aus dem verliebten Jüngling Fritz war der Feld-
herr Friedrich der Große geworden. Man schrieb
den 30. August 1758 – fünf Tage nach der Schlacht
von Zorndorf. Russische Soldaten hatten das
Schloss geplündert. Die Bewohner waren geflohen.
Den Lehrer der Wreech'schen Kinder fand man er-
schlagen im Park. Alles wüst, öde, halb verbrannt,
meinte Fontane.

Wieder entwickelte sich ein, wenn auch kurzer, sachlicher Briefwechsel mit Luise Eleonore von Wreech: »Es tut mir aufrichtig leid, Madame, nicht soviel tun zu können, wie ich möchte, noch so viel wie Sie wünschen.« Offenbar hat Königliche Majestät der inzwischen verwitweten Frau und ihrer Familie finanziell unter die Arme gegriffen. Als Theodor Fontane den späteren Schlossherren seine Aufwartung machte, hielt er fest: »... wenn Um- und Neu-Bauten auch dem Schloss und Park von damals, nach außen hin eine veränderte Gestalt gegeben haben, so ist im Innern, in seiner Einrichtung und Ausschmückung, immer noch genug vorhanden, um uns ein Bild von dem Reichtum, von der Fülle künstlerischer Details zu geben, die hier damals zusammenströmten, als ob es eigens darauf angekommen wäre, einen Sitz Märkischer Schlichtheit in einen Sitz voll fürstlicher Pracht umzuwandeln.«

Das Gebäude muss 1945 dem sowjetischen Marschall Shukow ins Auge gefallen sein. Im Schloss versammelte er seine Generäle, um das Vorrücken in Richtung Berlin zu planen. Nachdem die Neumark polnisch wurde, zogen Gemeindeverwaltung und

Kindergarten ein, außerdem wurde das Gebäude als Wohnhaus genutzt.

Wer heute nach Tamsel kommt, wird von einem Anwesen mit morbidem Charme empfangen. Ein meterlanges Band informiert, dass man für 360.000 Euro Eigentümer werden kann, doch offenbar hat sich bisher kein Käufer gefunden. Dabei sah alles schon einmal viel besser aus. Mit EU-Geldern und privaten Spenden in Millionenhöhe hatte man Anfang der 2000er Jahre mit der Sanierung begonnen. Jetzt ist das Haus erneut dem Verfall ausgesetzt. Die neugotische Kirche gegenüber ist allerdings bestens in Schuss. An der Außenmauer zeigt das neugotische Gotteshaus Grabkreuze der letzten Schlossherren – der Grafenfamilie von Schwerin-Tamsel. Trotz des jämmerlichen Zustandes des Schlosses kommen Wochenende für Wochenende vor allem Besucher aus Deutschland, um über eine besondere Liebesgeschichte zu sinnieren. Das war wohl zu Fontanes Zeiten nicht viel anders. Der Dichter spricht von einem »plötzlich wiederbelebten Wohlgefallen[...], einer freundlichen Rückerinnerung an Park und Schloss, an Wasserpartien und Feuerwerke, an eine lange

Reihe heiterer Landschaftsbilder, die bei bloßer
Nennung des Namens noch einmal leise an dem
inneren Auge vorüberziehen.«

∽

Zernikow bei Rheinsberg

Das Vermächtnis
eines Kammerdieners

»... mit Vorliebe nahm er sich des Seidenbaus an.
Gärten, Wege und Alleen wurden mit Maulbeer-
bäumen bepflanzt, schon 1747 standen deren 8000
und das Jahr darauf hatte er zum ersten Mal einen
Reinertrag aus der gehaspelten Seide. Kaum dass
er ein Stück guten Lehmboden auf seiner Feldmark gefunden hatte, so entstand eine Ziegelei,
und schon 1746 erbaute er aus selbstgebrannten
Steinen das noch jetzt existierende Wohnhaus.«

Bei dem umtriebigen Unternehmer, über den
Fontane so wohlwollend berichtet, handelt es sich
um Michael Gabriel Fredersdorf, den Geheimen
Kämmerer von Friedrich II. Der junge König hatte
unmittelbar nach der Thronbesteigung seinem

engsten Vertrauten das Anwesen Zernikow, etwa zwölf Kilometer östlich von Rheinsberg gelegen, übereignet. Alle Besitzerwechsel hat das Herrenhaus überstanden. Auch 1945 die Enteignung im Zuge der Bodenreform. Später wohnten hier Flüchtlingsfamilien. Im Erdgeschoss kamen Gemeindebüro, Bibliothek und Arztstützpunkt unter. Das Inspektorenhaus diente zu DDR-Zeiten einer Landwirtschaftlichen Produktionsgenossenschaft (LPG) als Verwaltungssitz und dem Dorfkonsum.

Theodor Fontane muss noch vor 1862 in Zernikow gewesen sein. Zu jener Zeit hatte in dem Dorf die Familie von Arnim das Sagen. Der Dichter Achim von Arnim verbrachte hier Jahre seiner Kindheit.

Michael Gabriel Fredersdorf galt als die graue Eminenz des Hofes. Er war nicht nur so etwas wie ein persönlicher Berater, sondern verwaltete auch die Privatschatulle des Monarchen. Schon während Friedrichs Hausarrest auf der Festung Küstrin hatte der damals noch junge Fritz den musisch begabten Mann aus dem nordost-brandenburgischen Gartz schätzen gelernt. Es war nicht alltäglich, dass ihn ein Soldat beim Flötenspiel musikalisch begleiten konnte. Als Kammerdiener folgte Fredersdorf dem Kronprinzen nach Neuruppin und Rheinsberg. Nach dem Tod des »Soldatenkönigs« 1740 begleitete er seinen Herrn nach Berlin und Potsdam.

Fredersdorf war einer der ersten Untertanen, der Friedrichs Befehl zur Seidenraupen-Zucht schnell und konsequent umsetzte. Noch heute sind 20 der gut 250 Jahre alten Maulbeerbäume an der Straße zur Zernikower Mühle zu sehen. Etwa 100 wurden später nachgepflanzt. Im einstigen Inspektorenhaus, heute ein Gasthaus, gibt in den Sommermonaten eine Ausstellung Auskunft zur Seidenraupen-Aufzucht. Jedes Jahr im Juli feiert man ein Maulbeer-Fest, auch wenn sich das Projekt, einheimische Seide zu produzieren, am Ende nicht durchsetzen konnte.

Bei seinem Streifzug durch das Dorf im Oberhavel-Kreis stellte Fontane die eher rhetorische Frage, ob Fredersdorf für den Ort einen Segen bedeutete.

»Wir müssen die Frage durchaus zu seinen Gunsten beantworten. Wie er trotz Ehrgeiz und einem unverkennbaren Verlangen nach Ansehen und Reichtum, doch überwiegend eine liebenswürdige und gutgeartete Natur gewesen zu sein scheint, so erwies er sich auch als Gutsherr mild, nachsichtig, hilfsbereit. Seine Bauern und Tagelöhner hatten gute Tage. Wie den Bewohnern, so war er dem Dorfe selbst ein Segen. Die meisten Neuerungen, so weit sie nicht bloß der Verschönerung dienen, lassen sich auf ihn zurückführen. Er fand eine vernachlässigte Sandscholle vor und hinterließ ein wohlkultiviertes Land, dem er teils durch Anlagen aller Art, teils durch Ankauf von Wiesen und Wald das gegeben hatte, dessen es zumeist benötigt gewesen war. Die Tätigkeit, die er entwickelte, war groß. Kolonisten und Handwerker wurden herangezogen und Weberei und Strohflechterei von fleißigen Händen betrieben.«

Fredersdorf starb 1758. Seine Witwe heiratete einen Freiherrn von Labes. »Auch der tat viel zur Verschönerung des Guts; Linden-Alleen wurden gepflanzt, ein englischer Park angelegt und der frühere Fasanengarten zu einem Tiergarten mit Fischteichen, Wasserleitungen und Pavillons umgeschaffen.«

»Zernikow besitzt neben einer sehenswerten Kirche, in der sich ... die Portraits von Fredersdorf, dem v. Labes'schen Ehepaar und von deren Tochter, der 1781 verstorbenen Frau v. Arnim befinden, auch ein mit Geschmack und Munifizenz hergestelltes Grabgewölbe, das Frau v. Labes bald nach dem Tode ihres zweiten Gemahls errichten ließ.« Sowohl die Kirche als auch das Fredersdorf'sche Erdbegräbnis sind in den letzten Jahren aufwendig restauriert worden.

Schade, dass Fontane den Stein vor der Kirchhofmauer nicht erwähnt. Dem »Schlidder-Stein«, einem Granitbrocken mit mehreren Vertiefungen, werden übernatürliche Kräfte zugesprochen. Lange Zeit war man überzeugt, dass jungen Frauen nach einer Rutschpartie Fruchtbarkeit und Kindersegen beschieden wären.

Obwohl Fredersdorf für längere Zeiten wegen seiner Aufgaben in königlichen Diensten reisen musste, vermutete Fontane, dass der Kammerherr »so oft wie möglich auf seinem Gute war und namentlich die Sommermonate gern daselbst verbrachte. Dass er seine alchemistischen Künste und Goldmache-Versuche auch in ländlicher Zurückgezogenheit geübt habe, ist nicht zu ermitteln gewesen, auch nicht wahrscheinlich.«

Anhang

Literaturverzeichnis

Fontane, Theodor: Wanderungen durch die Mark Brandenburg – Bd. 1: Die Grafschaft Ruppin. Der Barnim. Der Teltow; Hertz; Berlin 1862.

Fontane, Theodor: Wanderungen durch die Mark Brandenburg – Bd. 2: Das Oderland; Hertz; Berlin 1863.

Fontane, Theodor: Wanderungen durch die Mark Brandenburg – Bd. 3: Ost-Havelland; Hertz; Berlin 1873.

Fontane, Theodor: Wanderungen durch die Mark Brandenburg – Bd. 4: Spreeland; Hertz; Berlin 1882.

Fontane, Theodor: Grete Minde. Nach einer altmärkischen Chronik; Verlag Wilhelm Hertz, Berlin 1880.

Fontane, Theodor: Der Stechlin; Verlag F. Fontane & Co., Berlin 1899.

Fontane, Theodor/Erler, Gotthard: Theodor Fontane – Briefe in zwei Bänden, Bd. 1; Nymphenburger Verlagshandlung, München 1981.

Fontane, Theodor: Gesammelte Werke (Jubiläumsausgabe), zweite Reihe in fünf Bänden, Autobiographische Werke/Briefe, Bd. 1; S. Fischer Verlag; Berlin 1920.

Fontane, Theodor/Gross, Edgar: Unterwegs und wieder daheim; Nymphenburger Verlagshandlung, München 1972.

Editorische Notiz

Orthographie und Interpunktion wurden in den historischen Texten behutsam modernisiert, wobei der originale Lautstand und grammatische Eigenheiten gewahrt blieben.

»Geh' hin und zeig' es.
Treten wir unsere Wanderung an ...«

Aquarelle Hans-Jürgen Gaudeck

Ein weites Land
THEODOR FONTANE

2. Auflage | 84 Seiten | ISBN 978-3-941683-37-2

»Theodor Fontanes Reiseschilderungen sind einzigartig. Vielleicht ist es die ihnen innewohnende Behaglichkeit, vielleicht ist es diese nicht bemüht wirkende Leichtigkeit? Zuneigung zu Land und Menschen ist es auf jeden Fall, und Zuneigung birgt Licht.«   *Neues Deutschland*

Mit Fontane ins Ausland –
Liebe zu Land und Leuten

Aquarelle Hans-Jürgen Gaudeck

Von London bis Pompeji mit
THEODOR FONTANE

84 Seiten | ISBN 978-3-941683-41-9

»Der Aquarellist schuf in der poetischen, raschen, spontanen Wasserfarben-Maltechnik erstaunlich freie Interpretationen der Fontane'schen Dichtungen und Briefe. Gaudeck lotet optisch mit allen Facetten aus, was der Schriftsteller so vielschichtig notiert hat ...«
Berliner Zeitung

Ein Kleinod zur Besinnung,
Freude und Erkenntnis.

60 Seiten | ISBN 978-3-941683-80-8

Ein bibliophiles Geschenkbuch mit einer bisher nirgends veröffentlichten Zitaten-Sammlung, illustriert durch die Berliner Künstlerin Jutta Mirtschin, deren unverkennbare Bilder in spannungsreichen Beziehungen zu den Weisheiten Fontanes stehen.